"十三五"国家重点出版物出版规划项目
中国经济治略丛书
开放战略与区域经济自治区级人文社科重点研究基地建设项目
宁夏高等学校一流学科建设项目（理论经济学学科）（项目编号：NXYLXK2017B04）

中国对阿拉伯国家农产品贸易发展研究

杨韶艳　著

中国财经出版传媒集团
经济科学出版社
Economic Science Press

图书在版编目（CIP）数据

中国对阿拉伯国家农产品贸易发展研究/杨韶艳著.—北京：经济科学出版社，2019.9
（中国经济治略丛书）
ISBN 978-7-5218-0944-2

Ⅰ.①中⋯　Ⅱ.①杨⋯　Ⅲ.①农产品贸易-国际贸易-贸易发展-研究-中国、阿拉伯国家　Ⅳ.①F752.652 ②F753.706.52

中国版本图书馆 CIP 数据核字（2019）第 204974 号

责任编辑：王　娟　张立莉
责任校对：齐　杰
责任印制：邱　天

中国对阿拉伯国家农产品贸易发展研究
杨韶艳　著
经济科学出版社出版、发行　新华书店经销
社址：北京市海淀区阜成路甲 28 号　邮编：100142
总编部电话：010-88191217　发行部电话：010-88191522
网址：www.esp.com.cn
电子邮件：esp@esp.com.cn
天猫网店：经济科学出版社旗舰店
网址：http://jjkxcbs.tmall.com
北京季蜂印刷有限公司印装
710×1000　16 开　11.5 印张　200000 字
2019 年 12 月第 1 版　2019 年 12 月第 1 次印刷
ISBN 978-7-5218-0944-2　定价：58.00 元
（图书出现印装问题，本社负责调换。电话：010-88191510）
（版权所有　侵权必究　打击盗版　举报热线：010-88191661
QQ：2242791300　营销中心电话：010-88191537
电子邮箱：dbts@esp.com.cn）

前 言

近年来随着改革开放的逐步深化，中国的对外贸易取得了突飞猛进的发展，已经成为世界第一大货物贸易国，商品贸易一直呈现顺差状态。中国工业制成品在国际市场上具有较强的竞争力，一些技术密集型产品的竞争力也越来越强。但是中国农产品贸易的发展状况却不同，农产品贸易自 2004 年首次出现逆差之后，一直呈现逆差状态，而且逆差额越来越大，已经从 2004 年的 46.6 亿美元上升到 2017 年的 446.37 亿美元。近年来，大豆、牛肉、玉米和食用油等农产品的进口额也是不断攀升。

中国农业生产历史悠久，虽然随着人工成本、土地成本的上升，一些农产品逐渐失去了在国际市场上的竞争力，但是在一些劳动密集型农产品上依然具有较大的竞争优势，而且中国地域广阔，农产品种类丰富。因此，根据比较优势原则，中国依然具有一定的农产品出口优势。总体来看，阿拉伯国家人口较多且人口增长率比较高，可耕地面积比较少，水资源缺乏，农业生产条件较差，这使得许多阿拉伯国家每年都要进口大量的农产品，是世界上主要的农产品进口市场之一。随着美国等国家贸易保护主义的抬头和对中国出口限制力度的加大，显而易见，阿拉伯国家农产品市场对于中国具有重要意义。阿拉伯国家曾是中国重要的农产品出口市场，但近年来由于各种原因，中国对其出口规模相对下降。推动中国与阿拉伯国家农产品贸易合作有利于发挥双方资源禀赋优势，有利于减少中国农产品贸易逆差。

目前，中国与阿拉伯国家农产品贸易合作面临历史上最好的机遇期。2004年中阿合作论坛成立，2010年中国—阿拉伯国家经贸合作论坛召开（2013年改为中阿博览会），2013年中国提出了"一带一路"倡议，2016年1月习近平主席对沙特阿拉伯、埃及和伊朗进行国事访问，2016年1月中国政府制订了《中国对阿拉伯国家政策文件》……在这新的历史时期，中国与阿拉伯国家经贸合作关系越来越紧密。阿拉伯国家是共建"一带一路"的天然合作伙伴，中国已与18个阿拉伯国家签署了"一带一路"合作文件。双方根据"一带一路"建设倡议，本着共商、共建、共享原则，不断推进贸易联通、道路联通等方面的建设。双方不断完善经贸合作机制，不断推动贸易投资便利化水平的提高。近年来，双边贸易增速较快，2018年中阿贸易额达到2443亿美元，同比增长了28%。中国对阿拉伯国家的工程承包、对外直接投资等也不断增加，还通过产业园等建设进一步推动经贸合作。

在历史上古丝绸之路就曾将中阿紧密联系起来，今天的"一带一路"建设为双方进行更深入的经贸合作提供了良好机遇。农产品贸易合作是经贸合作重要组成部分，各方应该积极努力紧抓这良好机遇，稳定并扩大中国农产品对阿拉伯国家的出口，积极推动双方共建"一带一路"目标的实现。

一直以来，学术界更多地关注中国与欧美、日韩以及东盟等经济体的农产品贸易，缺少对中国与阿拉伯国家农产品经贸关系的研究，尤其是对于阿拉伯国家农产品进口市场状况没有系统深入的研究。在借鉴现有研究成果基础上，本书以推动中国与阿拉伯国家农产品贸易发展为研究目标，系统地对阿拉伯国家农产品进口现状、进口结构等进行了分析。并依据相应的国际贸易理论，采取合适的指标，对中国农产品在阿拉伯国家进口市场上竞争力状况进行了比较研究。通过这些分析，明确了中国对阿拉伯国家农产品出口的竞争优势所在，阿拉伯国家农产品进口的趋势和市场竞争状况，这对于明确中国农产品对阿拉伯国家出口的突破点和空间具有重要意义。

总体来看，阿拉伯国家是世界主要农产品进口地区，该市场进口需求巨大。中国主要对阿拉伯国家出口蔬菜、水果、糖食、调料、烟草和油脂类等产品。中国向阿拉伯国家出口农产品市场主要集中于阿联酋、沙特阿拉伯、摩洛哥和埃及等国家。目前，中国农产品在阿拉伯国家市场整体竞争力较弱，且竞争力下降趋势明显；中国劳动力密集型农产品在阿拉伯国家市场具有一定竞争力，但是中国与阿拉伯国家农产品互补性较弱，且互补性在下降。从大类产品来看，水产品和食用蔬菜这些产品还具有较强的竞争力，而肉类产品包括食用杂碎和活动物、谷物、可可及可可制品、动植物油脂及其分解产品竞争力很低。同时需要关注的是以前具有竞争力的一些产品在逐渐丧失竞争力。同时研究也发现，中国扩大对阿拉伯国家农产品出口贸易既面临"一带一路"建设良好的机遇，也面临阿拉伯国家技术壁垒、贸易便利化和社会风险等因素的影响。结合上述研究及实证结果，本书认为中国应积极抓住"一带一路"建设的机遇，采取各种措施，从宏观、中观和微观各个层面一起协调行动，积极促进中国与阿拉伯国家农产品贸易发展。

本书得到以下项目资助：开放战略与区域经济自治区级人文社科重点研究基地建设项目；宁夏高等学校一流学科建设项目（理论经济学学科）（项目编号：NXYLXK2017B04）。

CONTENTS 目录

第1章 导论 / 1
1.1 研究背景和意义 / 1
1.2 研究内容、思路与方法 / 5
1.3 理论基础、基本概念和研究现状综述 / 8
1.4 研究的创新之处和不足 / 23

第2章 阿拉伯国家农产品进出口贸易的现状、结构及特征 / 25
2.1 阿拉伯国家经济发展基本状况 / 25
2.2 阿拉伯国家农产品贸易基本状况 / 39
2.3 阿拉伯国家农产品进出口结构 / 45
2.4 阿拉伯国家农产品进口的特征 / 50

第3章 中国与阿拉伯国家农产品贸易关系 / 54
3.1 中国与阿拉伯国家农产品贸易发展历程 / 54
3.2 中国对阿拉伯国家农产品进出口结构分析 / 59
3.3 中国对阿拉伯国家农产品贸易地区分布 / 71

第4章 中国农产品在阿拉伯国家进口市场的竞争力和互补性 / 80
4.1 农产品竞争力的指标介绍 / 80
4.2 中国对阿拉伯国家农产品出口贸易竞争力和互补性分析 / 83
4.3 结论 / 98

第5章 中国农产品出口贸易格局及贸易竞争力 / 100
5.1 中国农业产业发展和农产品生产基本状况 / 100
5.2 中国农产品进出口贸易格局 / 105

5.3　中国农产品出口贸易竞争力 / 112

第 6 章　中国对阿拉伯国家农产品贸易发展影响因素分析 / 121

6.1　中国对阿拉伯国家农产品出口贸易发展的有利因素 / 121

6.2　中国对阿拉伯国家出口农产品贸易的不利因素 / 125

6.3　基于引力模型的中国对阿拉伯国家农产品
出口贸易影响因素的实证分析 / 130

第 7 章　中国与阿拉伯国家农产品贸易发展的对策建议 / 137

7.1　宏观层面——强化制度保障 / 137

7.2　中观层面——夯实产业基础 / 143

7.3　微观层面——可持续经营 / 149

第 8 章　总结与展望 / 152

参考文献 / 154

后记 / 173

第 1 章

导　　论

1.1　研究背景和意义

1.1.1　研究背景

阿拉伯国家一般指阿拉伯国家联盟的成员国。阿拉伯国家联盟(以下简称阿盟)1945年在埃及开罗成立,旨在加强地区成员国之间的合作和协调彼此的活动。阿盟共有22个成员国,包括沙特阿拉伯、阿联酋、埃及、摩洛哥、阿曼、科威特、阿尔及利亚、巴勒斯坦、巴林、吉布提、卡塔尔[①]、黎巴嫩、利比亚、毛里塔尼亚、苏丹、索马里、突尼斯、叙利亚、也门、伊拉克、约旦、科摩罗。阿拉伯国家所在区域地理位置具有重要战略地位,它地处欧亚非三大洲的交界,陆路、海路、空路交通便利,是重要的交通枢纽所在。由于该地区便捷的交通通道地位,也成为在中东地区最为活跃的转口贸易地区。在该地区的出海航道霍尔木兹海峡是各国商品贸易的必经之路,尤其是重要的石油能源输送关口。该地区能源资源丰富,1927年,伊拉克北部发现了大量石油,10年后沙特、科威特和卡塔尔等陆续发现了石油。2012年,该地区的石油探明储量高达1090亿吨,占世界总探明石油储量的48%,按当年产量计算,可供开采78年。[②] 在

[①] 2017年6月5日,以沙特为首的阿拉伯联盟发表声明,宣布将卡塔尔排除出该组织。
[②] 杨光. 中国与海湾国家的战略性经贸互利关系[J]. 国际经济评论,2013(3):103.

海湾地区已探明的石油占到全球的45%，天然气储量占全球的23%，是世界各国能源争夺的热点地区。① 从古至今，阿拉伯国家所在区域一直是世界各国激烈争夺之地，既是世界地缘战略枢纽，又是能源中心和重要商品市场。

历史上，中国同阿拉伯国家就是好朋友、好伙伴。2000多年前的古丝绸之路将中国和阿拉伯国家紧密联系在一起，两个民族共同书写了人类伟大文明交流的历史，对世界经济、科技等方面的发展产生了弥足深远的影响，中阿因丝绸之路相知相交。中国学者陈育宁认为，古丝绸之路是商品贸易的生命走廊、文化交流的友谊桥梁、宗教交流的文明纽带、世界开放的催化剂。

2013年9月7日，国家主席习近平在哈萨克斯坦的纳扎尔巴耶夫大学发表题为《弘扬人民友谊共创美好未来》的重要演讲，首次提出共建"丝绸之路经济带"的倡议。2013年10月3日，国家主席习近平在印度尼西亚国会发表题为《携手建设中国—东盟命运共同体》的重要演讲，首次提出共同建设"21世纪海上丝绸之路"的倡议。2014年6月5日，中阿合作论坛第六届部长级会议在北京人民大会堂开幕，国家主席习近平出席开幕式并发表题为《弘扬丝路精神，深化中阿合作》的讲话，他强调："实现民族振兴的共同使命和挑战，需要我们弘扬丝绸之路精神，促进文明互鉴，尊重道路选择，坚持合作共赢，倡导对话和平；'一带一路'是互利共赢之路，中国同阿拉伯国家因为丝绸之路相知相交，是共建'一带一路'的天然合作伙伴。中阿双方应该坚持共商、共建、共享原则，打造中阿利益共同体和命运共同体。"习近平主席指明了中阿集体合作的重点领域和优先方向，为中阿关系发展和论坛建设确定了行动指南。2016年1月19日~23日，中国国家主席习近平对沙特、埃及、伊朗三国进行了国事访问。此访是习近平担任国家主席后第一次访问中东和阿拉伯国家，也是他2016年的首次出访。在阿盟总部，习近平主席全面系统地阐释了中国新时期的中东政策，共叙友好，共谋发展。2016年1月，中国政府制订首份《中国对阿拉伯国家政策文件》，文件从政治、投资贸易、社会发展、人文交流、和平与安全五个领域详细阐述了中方全面加强中阿关系的各项政策举措。其中强调，中国同8个阿拉伯国家建有全面战略伙伴关系、战略伙伴关系或战略合作关系，同海湾阿拉伯

---

① 陈佩. 中国与印度在海湾国家商品出口竞争力的比较研究 [D]. 银川：宁夏大学，2017：1.

国家合作委员会建立中海战略对话机制。阿拉伯国家已成为中国第一大原油供应方和第七大贸易伙伴。中国提出的中阿共建"丝绸之路经济带"和"21世纪海上丝绸之路",构建以能源合作为主轴,以基础设施建设和贸易投资便利化为两翼,以核能、航天卫星、新能源三大高新领域为突破口的"1+2+3"合作格局,加强产能合作等倡议得到阿拉伯国家积极响应。

中国政府对中阿经贸合作进行了高屋建瓴的顶层设计,从合作目标到合作机制,从合作内容到合作路径,都进行了科学合理的规划,目标明确而具有前瞻性。阿拉伯国家是"一带一路"建设的天然伙伴,与阿拉伯国家的经贸合作是"一带一路"建设的重要组成部分。目前,双方互利合作领域越来越广,成果越来越实,随着2004年中阿合作论坛的成立、2010年至今中阿博览会(即中国—阿拉伯国家经贸合作论坛)的连续举办,双方已经进入了更宽更广更深的合作领域。

显然,中阿合作进入了新的历史时期。中阿合作既有历史基础,又有现实基础,双方优势互补,以互利共赢为合作基石,这对于双方携手并进及顺利推进"一带一路"建设具有重大现实意义。中阿双方合作的重要基础是经贸合作,农产品贸易合作是其中重要组成部分,这是由双方的资源禀赋和生产技术条件决定的。习近平主席在2016年的中东行及《中国对阿拉伯国家政策文件》中也明确提出了6000亿美元的贸易目标,显然扩大双边农产品贸易是最为重要的任务之一。

1.1.2 研究意义与目的

双边农产品贸易发展充分体现各自资源禀赋优势的互补性。对于阿拉伯国家来说,人口多且人口增长率比较高,可耕地面积比较少,水资源较缺乏,缺乏适宜的农业生产条件,这使得许多阿拉伯国家每年都要进口大量的农产品。中国作为农业大国,农业生产具有悠久的历史,现代农业生产技术应用范围也越来越广。中国农产品种类丰富,产量较高,除了供给国内市场外,有许多农产品出口国际市场。同时,阿拉伯国家能源富集,具有世界"油库"之称,目前中国每年进口的石油产品有一半以上来自中东地区。显然,双方资源禀赋具有较强的互补性,也为双方在农产品等方面贸易发展奠定了良好的基础。

中国农产品出口需要"市场多元化"。自2008年金融危机以来,发达国家经济受到较大影响，中国外贸的外部需求减少，出口额急剧下降。同时，由于经济不景气，以美国为首的一些发达国家本末倒置重新走向贸易保护主义，同中国的贸易摩擦不断，这使得中国的对外贸易受到较大的影响。在这种形势下，坚决贯彻"市场多元化"战略就成为中国稳定贸易发展的重要途径。阿拉伯国家农产品进口规模较大，而且具有进口规模不断扩大的趋势，是中国农产品出口的重要目的地。同时，中阿农产品贸易发展也面临历史上从未有过的良好机遇，其一是"一带一路"倡议得到了阿拉伯国家的广泛响应；其二是近年来阿拉伯国家普遍出现了"向东看"的趋势，这与中国的"走出去"战略、西部大开发战略和向西开放战略相交汇，抓住历史机遇，稳定并扩大中国农产品对阿拉伯国家的出口有利于中国对外贸易的发展。

其中扩大对阿拉伯国家农产品出口有利于减少中国农产品贸易逆差。近年来，中国农产品贸易一直呈现逆差状态，2004年逆差额达46.6亿美元，2007年43.7亿美元，2008年逆差高达181.1亿美元，2017年更是达到了446.37亿美元。中国农产品贸易出现逆差的因素众多，对除欧美、日韩等发达国家之外的市场开拓不足也是一个重要因素。从中国对阿拉伯国家市场出口额来看，明显规模过小，如中国对海合会六国[①] 2010年农产品出口额仅为8.23亿美元，仅占中国总出口额的1.68%。但这一地区的进口需求是巨大的，世界平均农产品进口额占总进口比重为7.2%，海湾六国农产品进口占总进口额的9%，高于世界平均水平，其中沙特阿拉伯、科威特农产品进口额占其总进口的13%以上。[②]

扩大对阿拉伯国家农产品出口，有利于提高中国农产品竞争力。阿拉伯国家农产品进口需求较大，是世界重要进口市场，也因此吸引了世界各国来争夺该市场。在国际竞争激烈的市场上，能否占有一定的市场份额，取决于中国农产品的综合竞争力。客观评估中国农产品在该市场的竞争力，从不同层面找到提高竞争力的途径，将有助于中国农产品参与该市场的竞争，也有利于从整体上提升中国农产品竞争力。

有鉴于此，本书以"一带一路"倡议为背景，试图深入探析中国作为农业大国，在与阿拉伯国家进行经贸合作中扩大对阿农产品出口的基础和

---

① 海合会指海湾阿拉伯国家合作委员会，是海湾地区最主要的政治经济组织，成员国包括阿联酋、阿曼、巴林、卡塔尔、科威特和沙特阿拉伯六国。
② 根据联合国国际贸易数据库数据整理。本书数据如无特殊说明，均来自联合国国际贸易数据库。

可能性；进一步深入分析中国农产品在阿拉伯国家进口市场上竞争力状况，寻找中国农产品扩大对阿拉伯国家出口的突破点和空间；从中国农产品整体竞争力的变化以及在阿拉伯国家市场的出口变化和进口竞争地位的变化来分析中国农产品在出口中面临的突出问题；依据目前中国优化资源配置、实现资源、环境和经济协调发展战略要求探寻中国如何抓住"一带一路"带来的机遇在与阿拉伯国家进行农产品经贸合作的过程中实现国际贸易利益并提升农业产业竞争力的可能路径。

1.2 研究内容、思路与方法

1.2.1 研究内容

在"一带一路"背景下加强与阿拉伯国家的经贸合作、扩大对阿拉伯国家农产品出口意义重大。本书对中国与阿拉伯国家的农产品贸易关系及发展进行了深入的研究。主要研究内容包括以下几个方面。

第一，对阿拉伯国家农产品进出口贸易现状进行研究。一方面，对阿拉伯国家农业生产基本条件、农业生产状况等进行分析；另一方面，通过系统的贸易数据统计分析来明确阿拉伯国家农产品进出口规模、产品种类、地理方向等方面的变化和趋势，并从中总结阿拉伯国家农产品进出口的特征和结构。主要目标在于通过系统深入地梳理从中找到阿拉伯国家农产品进出口市场的特点和贸易格局的演变特征。

第二，对中国农产品在阿拉伯国家市场的竞争力和互补性进行了研究。在对中国农产品出口阿拉伯国家的基本状况进行分析和总结的基础上，重点对中国农产品在阿拉伯国家市场上的竞争力运用市场占有率、RCA指数和TC指数等进行定量分析，通过与其他国家产品竞争力及其与阿拉伯国家农产品贸易互补性的比较，探讨中国农产品在出口阿拉伯国家中所处的地位和存在问题。

第三，对中国农产品对外贸易格局和出口产品竞争力状况进行了分析。通过对中国农业生产基本状况、农业发展政策的梳理，从供给层面把握中国农产品出口贸易的规模和影响因素；对中国农产品出口格局和竞争力从不同层面进行分析，使得我们更好地从全局来理解中国农产品在阿拉伯国家这个局部市场的出口状况。目标是从根本的发挥决定性作用的供给、资源禀赋状况等层面的因素来理解中国农产品出口阿拉伯国家的趋势和可能存在的障碍。

第四，对中国农产品出口阿拉伯国家的影响因素和贸易环境进行研究。在上述研究的基础上，分别从政治、经济等方面归纳总结分析中阿农产品贸易的贸易环境，面临的有利因素和不利因素；同时运用扩展引力模型对影响中国农产品出口阿拉伯国家的影响因素进行实证分析，探讨各项因素对中国农产品出口阿拉伯国家的作用状况。

第五，结合"一带一路"建设背景以及现有的贸易合作机制和平台，对扩大中国对阿拉伯国家农产品出口的路径进行研究，分别从国家（地区）、产业和企业不同层面提出相应的政策措施，形成具有较高应用价值的政策体系。

1.2.2 研究思路

本书的研究将以加强中国与阿拉伯国家双边农产品贸易合作为切入点，以扩大中国对阿拉伯国家农产品出口为目标，以探索中国对阿拉伯国家农产品出口贸易中存在的问题分析为主线，从理论、实证、全局和区域等多个层面的分析来探究双边农产品贸易发展内在规律，探讨双边农产品贸易发展的空间并揭示发展中存在的障碍，进而针对现实问题提出具有针对性的政策建议。

本书研究技术路线如图1-1所示。

1.2.3 研究方法

第一，逻辑归纳和演绎方法。通过对相关问题研究现状的梳理和理论分析，总结归纳中阿双边农产品贸易发展中存在的问题和障碍，为进一步的定量分析提供方向性把握，并为政策体系构建提供研究基础。

第二，统计分析方法。通过对联合国贸易数据库双方农产品贸易数据的统计分析，来了解双边农产品贸易的现状，为把握双边农产品贸易关系的进展提供客观依据；通过成熟的国际贸易统计指标，如显性比较优势指数（RCA）等的测算，明确中国农产品在阿拉伯国家市场上的竞争力状况，为分析和把握中国对阿拉伯国家出口存在的问题提供客观依据。

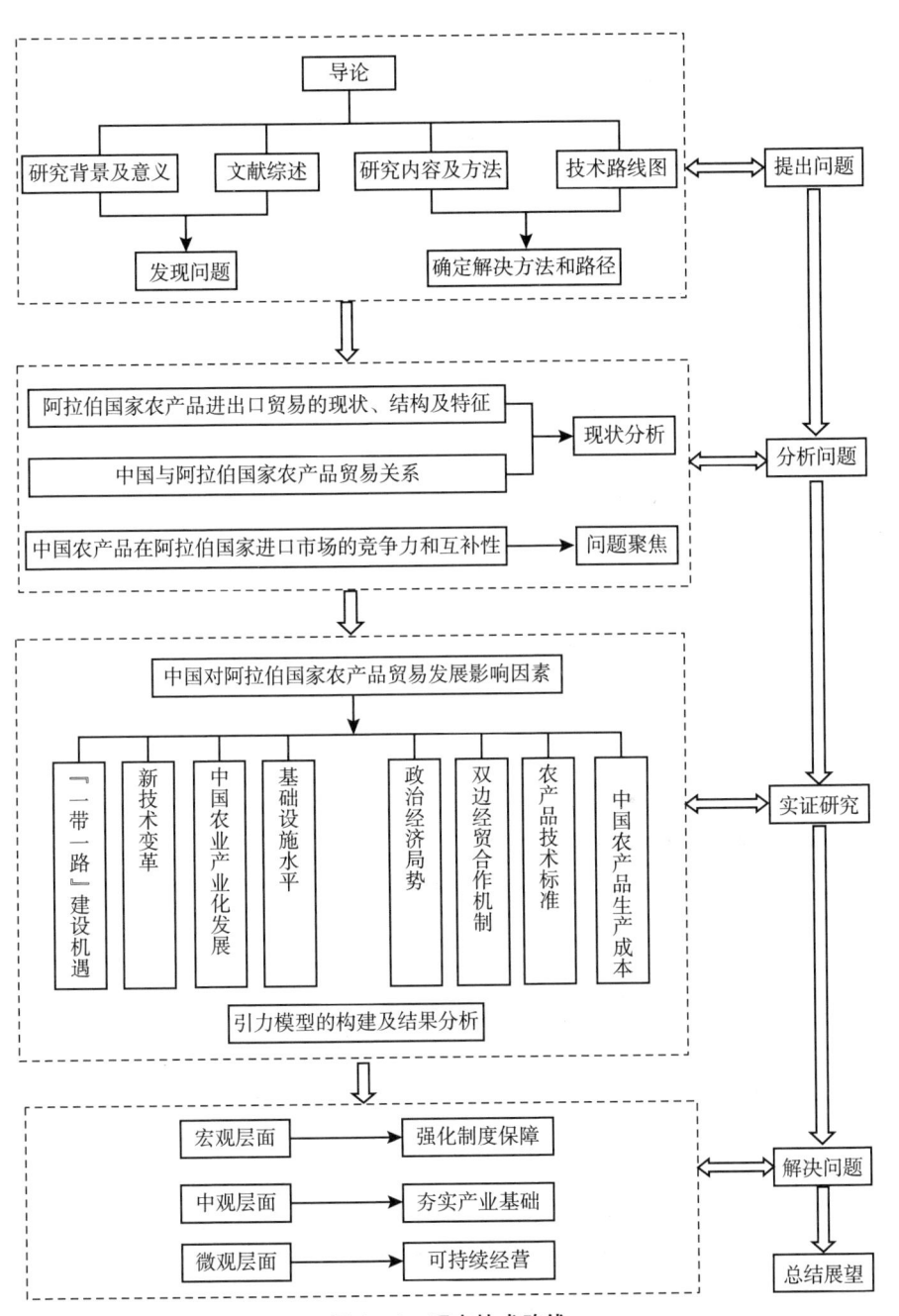

图1-1 研究技术路线

第三，定量研究法。根据中国对阿拉伯国家农产品贸易出口流量数据建立扩展的引力模型，分析影响中国与阿拉伯国家农产品贸易的因素。为明确制约中国农产品出口阿拉伯国家的主要因素提供科学依据，并为确定双边农产品贸易空间提供定量分析。

第四，比较研究法。中国农产品在阿拉伯国家市场上的竞争力分析，主要通过与美国等国家的比较分析进行展开，以此作为对照，来清晰地反映中国农产品在该市场中的竞争力状况。

1.3 理论基础、基本概念和研究现状综述

1.3.1 理论基础

1.3.1.1 比较优势与国际分工

国际贸易理论始于15世纪兴起的重商主义，但是在那样一个生产力不发达的时代，重商主义学派对贸易产生的认识也存在着很大的局限性，即使是已经有一定进步思想的晚期重商主义学派代表人托马斯·孟也依然认为贸易产生的原因在于积累金银，并且贸易仅与流通有关，重商主义始终认为国际贸易是零和博弈，一国之所得必然为一国之所失。以亚当·斯密为代表的古典国际贸易学派掀开了国际贸易理论的新篇章，创造性地提出了财富产生于生产领域，贸易产生的原因在于两个国家生产同一种产品，但劳动投入数量存在绝对差异。斯密的理论基于劳动价值论，能够解释基于自然条件、生产率绝对差异而进行的国际分工和国与国之间的产品交换的国际贸易基础问题。斯密的绝对优势理论产生于资本主义工场手工业向产业革命转化过程中，产业资产阶级为了扩大海外市场并能够从世界各地进口廉价原材料，迫切需要打破各国基于重商主义思想而施加的贸易保护主义。斯密的绝对优势理论完全否定了重商主义的零和博弈思想，他认为："在两地之间自然地正常地进行的没有强迫或限制的贸易，总是于双方都有利的。"[①] 因此，在完全竞争、劳动是唯一投入的生产要素、规

---

① [英] 亚当·斯密. 国富论 [M]. 西安：陕西人民出版社，2001：537.

模收益不变等前提下,他主张各国专业化的生产自己具有绝对优势(投入的成本最低或者单位投入产出最高)的产品并出口,这种分工思想起源于因专业化而大幅提高生产效率的考虑。基于贸易互利的认识,斯密主张实行自由贸易,这和其政府应充当"守夜人"角色的主张是一致的。但是,斯密的绝对优势理论无法解释现实中如果一个国家在所有产品上都处于劣势如何参加国际分工的问题,大卫·李嘉图在斯密的绝对优势理论基础上,系统地提出了比较优势理论。比较优势理论产生的背景是19世纪英国关于是否废除"谷物法"的论战,当时英国为维护地主贵族阶级的利益,限制谷物从成本低的国家进口,随着英国工业资产阶级的崛起和工业品生产规模的扩大,这个法律严重损害了英国工业产品的出口竞争力。为此,作为英国工业资产阶级的忠实拥护者李嘉图于1817年在其著作《政治经济学及赋税原理》中提出主张实行自由贸易的比较优势理论,这个理论既是以斯密绝对优势理论为基础,同时也吸纳了托伦斯等学者的学术思想,由于其具有很强的现实解释能力而一直在国际贸易理论中占有坚实地位。该理论认为,国际贸易产生的基础在于两个国家在不同产品生产上生产技术不同,存在劳动生产率的相对差异,因此,两个国家应该各自专业化地生产自己相对劳动生产率较高的产品并进行交换,各贸易国从中都会获得贸易利益,其分工思想可以直观地解释为"两利相权取其重,两害相权取其轻"。但是该理论的缺陷在于由于生产中是单一要素投入,因此,对于形成比较优势的条件缺乏考虑,尤其是比较优势是单纯来自较高的相对劳动生产率还是受到各国自然地理、土地和气候等条件影响没有做出解释。20世纪20年代,赫克歇尔和俄林在李嘉图比较优势理论的基础上假设各国生产同样产品技术水平一样并探讨了国际贸易的起因,他们认为,在两个国家需求偏好一致的前提下,如果两个国家拥有的资本和劳动两种要素的相对比例不同,即要素禀赋存在相对差异,则各国密集使用丰裕要素所生产的那种产品其供给能力相对较强,也因此相对价格较低,即各国在密集使用丰裕要素所生产的那种产品上具有各自的比较优势,各国应该生产自己具有比较优势的产品并与对方进行交换,这种贸易也是互利的。该理论将比较优势来源扩展为要素禀赋差异,其倡导的分工贸易模式成为与李嘉图比较优势模式并列为国际贸易理论的两大基本模式,由于其分析框架和工具均采用了新古典经济学的分析方法,因此也成为新古典国际贸易理论。

总体来看,尽管当今的农产品贸易出现了错综复杂的形态,市场环境也发生了较大的变化，但不可否认的是，由于农产品尤其是大宗农产品市场竞争较激烈，市场结构近似于完全竞争，同时，各国的土地、劳动和资本的资源禀赋状况直接影响到农产品的生产效率、成本和比较优势，因此，比较优势理论在相当程度上依然是农产品国际贸易的理论指导，近年来各国农产品的出口状况、比较优势的变迁深刻地说明了这一点。

1.3.1.2　新国际贸易理论、新新国际贸易理论与农产品贸易

20世纪50年代以来，国际贸易现实发生了深刻的变化，发达国家之间的贸易比重超过了发达国家与发展中国家的贸易比重；产业内贸易逐渐兴盛；技术领先优势明显影响着贸易模式和方向。这些新的变化难以用传统贸易理论来解释，以美国学者克鲁格曼为代表的学者另辟蹊径，在不完全市场结构和规模报酬递增的分析框架下找到了国际贸易的新的来源，那就是各国在技术、资源禀赋条件都相同的情况下，只要在产品生产中存在规模经济就可能发生贸易。克鲁格曼在他的《克鲁格曼国际贸易新理论》中讲道："新贸易理论也承认国与国之间的差异是国际贸易产生的动因之一，但它认为还有其他原因，其中之一就是国与国之间在国际分工中所固有的优势。新贸易理论认为，相当一部分国际贸易，特别是经济特征相似的国家之间的贸易，其产生的原因主要是报酬递增形成的国际分工，而不是国与国之间在资源禀赋上存在差异。"[①] 布兰德和斯潘塞等学者进一步分析了寡头垄断市场结构下贸易干预对于产品国际竞争力的影响，这些逼近现实不完全竞争市场结构的贸易分析最终拓展并形成了战略性贸易政策。在战略性贸易政策理论分析框架下，一个重要的结论就是一国对产业通过贸易政策或者产业政策能够使得本国产业获取竞争优势，这使得分工不再局限于由比较优势而决定，这给予各国以极大的产业发展政策空间。虽然战略性贸易政策的有效性在实践中一直受到质疑，如学者们认为该政策的成功必须以利润转移部分超过该补贴额或关税保护成本为先决条件，对手不采取相应行动为前提等，但众多成功的案例在一定程度上说明了该理论在指导产业布局培育产业竞争力方面具有一定的政策效果，最典型的案例如20世纪日本的钢铁产业的成长，这个行业是战略性贸易政策的直接受益者。在当今不完全竞争占主导的市场结构格局下，各国都不同程度地运用战略性贸易政策，借助贸易和产业政策以市场先行者的身份获取自

[①]　黄仁伟，张兆安．国际贸易学国际理论前沿［M］．上海：上海社会科学院出版社，2017：105．

身的竞争优势，这对于各产业参与国际竞争具有非常重要的意义。以波斯纳为代表的技术差距贸易理论和以佛农为代表的产品生命周期理论则从技术变化的角度阐释了技术差距对于贸易模式的决定性影响，尤其是产品生命周期理论通过产品处于不同生命周期所投入的要素比重的不同，来说明不同要素禀赋的国家在产品不同的生产阶段处于不同的贸易地位。

以上理论都是从国家层面来探寻国际贸易发生的原因和基础。随着20世纪90年代以来全球化进程的加快，跨国公司成为国际贸易的主体，在国际经济中表现突出。学者们通过对企业出口、直接投资等经济决策和表现的研究，发现不同企业其参与国际分工的模式不同。2003年，梅里兹（Marc Melitz）在克鲁格曼的贸易模型基础上做出了不同的假设：一是假设所有公司具有生产率差异，即企业异质性；二是假设公司都面临固定的出口成本，运用这些假设，他探讨了企业为何会进行出口或者不进行出口。而另一位学者安卓斯（Antras）则提出了企业内生边界模型，该理论模型主要解释了什么因素会决定企业选择以公司内贸易市场交易还是以外包形式进行资源配置。这些理论被统称为异质企业贸易理论，将企业异质性和产品差异引入垄断竞争贸易分析框架中，从企业微观层面解释了贸易发生的原因和贸易利益的分配，打破了以往从国家层面假设企业同质的理论阐述。该理论模型的一个主要结论是：企业如果生产规模更大，生产率和工资水平更高，技术和资本更为密集等，则在出口和对外投资中具有显著优势，也更能够在国际范围内更好地进行资源配置。同时，在贸易中市场力量会发挥作用，使得企业优胜劣汰，能够提高行业生产率水平。

新贸易理论给予各国农产品贸易方面的启示是在工业化生产时代，农产品比较优势取决于要素禀赋状况，如土地丰裕的国家显然在土地密集型农产品生产上具有比较优势，同时，农产品生产中的的规模经济状况也直接影响产品的竞争力，尤其是对于农产品加工而言，需要注重生产规模。随着生物和信息等科学技术的迅猛发展，农产品技术优势也直接决定了一国在国际贸易中的地位。各国现代农业、现代加工业和技术发展直接影响着本国农产品在国际市场上的竞争力。在当今开放成为主流的时代，新新贸易理论给贸易国带来的政策启示是：一是从微观层面看，必须采取有力措施提高企业生产效率，通过资本重组等方式增加企业的资本和技术要素；二是从国家层面看，必须进一步扩大开放推动对外贸易，这有利于提高行业生产率水平。但是，也要注意在资源重新配置过程中可能发生的"极化效应"，使利润和市场份额向高生产率企业转移和拉大地区内部的差距，固化地区分工。

1.3.2　对外贸易与产业发展

1.3.2.1　产业发展是对外贸易的基础

国际贸易是在一定历史条件下产生的，是社会生产力发展到一定阶段的产物。在原始社会末期，当出现了阶级和国家、产品有剩余、商品交换超出国家界限，就出现了国际贸易的萌芽。从奴隶社会、封建社会、资本主义社会不同时期国际贸易的发展来看，贸易皆以商品交换为内容，这从本质上体现了商品生产、产业发展是贸易的基础。

从亚当·斯密提出绝对优势理论到大卫·李嘉图提出比较优势理论，再到要素禀赋理论及当今的新贸易理论、新新贸易理论的提出，这些理论分别从技术差异、要素禀赋差异、规模经济、企业异质性等不同的视角深刻地阐释了当代国际贸易发生、发展的内在原因，但无一例外，都是在生产领域从产品生产的角度来考察国与国之间贸易的基础和模式。这些理论或是揭示了国家之间产业间的分工和贸易原因，或是分析了各国之间产业内贸易的原因，总体上都以具体产业为分析对象。

从贸易现实来看，各国的对外贸易模式由其技术水平、要素禀赋、生产效率等生产因素决定，这是客观内在经济规律。因此，当今国际贸易格局是发展中国家与发达国家之间主要是产业间贸易，是一种垂直化分工，而发达国家之间则以产业内贸易为主，是一种水平分工。就中国具体情况来看，由于中国在劳动力方面相对具有要素禀赋优势，因此中国在劳动密集型产品生产上具有比较优势，国内产业结构也鲜明地体现了这一点。近年来，随着中国资本、技术积累进程加快，劳动供给相对减少，中国劳动密集型产品成本不断提高，产品在国际市场上受到了东南亚、拉美等一些国家的强有力竞争，而部分资本密集型产品、技术密集型产品在国际市场竞争力中逐步提高。而从国内各区域产业结构与其国际贸易状况来看，也显示了这一点。如西北地区缺乏资本和技术，但是部分地区煤炭、能源等要素相对丰裕，因此其高能耗、资源密集型产品生产是优势并在国际市场具有一定竞争力；反之，由于在技术、资本密集型产品生产上不具备条件，产业结构上明显显现这一状况，而在这些地区出口中也很少有这类产品。

综上所述，各国和各区域不同的生产条件形成了不同的产业优势和不同的产业结构,而国际贸易作为分工的跨越国界,也必然以国内生产条件、产业结构为基础。同时,对外贸易与产业发展是相互影响、相互制约的关系。作为一国对外贸易的基础,该国的产业布局决定了对外贸易的内容,各产业的发展状况决定了对外贸易各内容的规模,产业结构决定了对外贸易的结构。

1.3.2.2 对外贸易是产业发展的重要推动力

对外贸易会对产业发展产生巨大的推动作用,随着一国对外贸易的不断扩大,能够使资源配置得到进一步优化并潜移默化地推动该国产业结构、产业竞争力等方面的发展升级。

首先,对外贸易的直接效应是能够使贸易参与国得到资源更有效率的配置。根据比较优势理论,各国应该将所有资源都配置于本国具有比较优势的生产部门中,也即该国相对劳动生产率较高的部门,各自出口自己具有比较优势的产品,最终,贸易将使各国福利水平高于自给自足状态下的福利水平。赫克歇尔和俄林的要素禀赋理论在完全竞争等假设下认为由于各国资源禀赋有差异,劳动丰裕的国家应该生产劳动密集型产品,资本丰裕的国家应该生产资本密集型产品,通过贸易,双方都能够得到贸易利益。

如图1-2所示,假设本国和外国分别是劳动要素丰裕和资本要素丰裕的国家,X、Y产品分别为劳动密集型产品和资本密集型产品,在完全竞争市场、规模收益不变、运输成本等为零的假设情况下,A、B两点是本国和外国在封闭经济情况下分别生产X、Y产品的生产均衡点。显然,在开放经济条件下,本国劳动密集型产品具有比较优势,相对价格低于国际价格,因此,本国应该增加劳动密集型产品并出口,而外国则增加资本密集型产品并出口,两个国家在资源配置上都倾向于将要素更多地配置于具有比较优势的生产部门,生产均衡点分别转移至A′和B′,最终两个国家社会无差异曲线都位于比贸易前更高的位置,这表明这种资源配置和产品交换给双方带来了更高的福利水平,即双方都获得了贸易利益。这种资源配置的优化是"贸易是经济增长发动机"的源泉,从产业发展的角度来看,它会使得贸易国优势产业实现生产规模的扩大,这将产生一系列动态效应,如规模经济效应、生产效率提高、竞争优势提高等。反之,这些效应将进一步促使资源在该行业的集聚,形成良性互动。

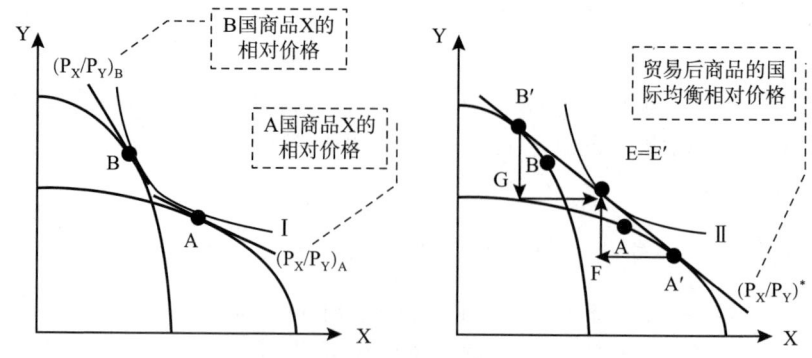

图 1-2　要素禀赋理论的几何图示

其次，对外贸易会通过竞争效应推动产业发展。一方面，在越来越开放的经济贸易环境下，发展中国家在本国市场上将会面临更大的竞争压力。因为发达国家往往拥有更先进的技术、设备等资源，资源配置水平更高，产品成本更低，这些产品出口到发展中国家更具有竞争力。这种竞争压力会加强国内企业的竞争意识，迫使企业加快各方面要素的改进和提高，以提高自身产品竞争力来对抗外来产品，从而推动了国内产业的升级；同样，发展中国家的出口产品进入国际市场，也会面临激烈的国际竞争压力，这种国际竞争迫使企业更加注重研发、技术、管理等各方面的改进，以求提高出口产品的竞争力，这样也就推动了这些国家出口产业的优化升级。

最后，对外贸易会通过结构效应推动产业发展。第一，从出口方面来看，随着一国产业结构不断优化升级，该国传统产业的产品面临着国内需求不足，生产能力过剩的困境，而开放的经济贸易环境使这些产品可以出口到国外，在为过剩生产能力的产品找到新的市场机会的同时，也推动了本国国内产业结构的转换；第二，根据发达国家的经历我们会发现，虽然一国的生产结构决定了本国的出口结构，但是出口产品结构并不是被动地适应生产结构的变化，相反，会带动生产结构的转换，因为一国出口产品结构的转换往往会比生产结构更快，而出口结构的转换会优化资源配置，使更多资源流入出口产业，促进了出口产业的发展，从而推动产业结构优化。从进口方面来看，国际间贸易自由化的发展对于世界各国，尤其是相对落后的发展中国家的产业结构的优化升级具有不可估计的影响，因为发展中国家在进行产业结构优化升级的过程中，常常面临资金不足，现代技术、管理和经营理念等要素严重缺乏的困境，通过对外贸易将发达国家的技术、资金、经营理念等要素引入国内，并与国内的比较优势结合起来，将对本国产业结构的优化升级带来推动作用。同时，由于一国技术、生产要素等各方面条件的限制，某些产品无法实现国内生产，因而需要进口，一旦这些进口产品得到国内消费者的认可，国内的需求市场会进一步扩大，将会刺激国内具备生产条件的企业生产发展类似产品，最终形成新产业，从而推动了该国产业结构的升级。

1.3.3 基本概念

对于农产品概念的界定，涉及对商品的编码标准。《联合国国际贸易标准分类》（SITC）和《协调商品名称和编码制度》（HS）是联合国统计委员会和海关合作理事会（世界海关组织）为推进国际贸易统计的标准化而编订的贸易商品标准统计体系。这两个分类标准分别按照不同的目标要求，依据一定的标准对农产品进行分类，是当今世界各国对贸易商品进行归类统计的基础。

《国际贸易标准分类》（SITC 编码）由联合国统计委员会 1950 年发布，后经历了 1974 年、1985 年和 2006 年的修改，将商品分为 10 大类、63 章、223 组、786 个分组和 1924 个项目。SITC 体系产品分类的主要依据是商品性质及其制造材料、加工处理程度、市场需求情况、经济功能和在世界贸易中的重要性等，并反映产品的专业部门来源，因此 SITC 更倾向于反映产品和产业特征，属于生产口径。这种分类方法对于经济学意义上的研究很有帮助。《协调商品名称和编码制度》（HS）是由联合国统计委员会和海关合作理事会将《海事合作理事会税则商品分类目录》（CCCN 编码）与 SITC 编码的有效融合，海关合作理事会于 1988 年 1 月 1 日实施的《商品名称及编码协调制度国际公约》及其附件《协调制度》（HS 编码）即目前的 HS 编码标准，目前已有 200 多个国家和地区使用，用该方法统计的贸易量占全球贸易量的 98% 以上。HS 编码实施后共有 6 个版本，2012 年 HS 编码将所有商品分为 21 类、97 章，章下再分为目和子目。HS 编码共 6 位，前两位为"章"，三四位为"目"，五六位为"子目"。[①] HS 以商品原材料的属性为主线，其次考虑商品的用途和功能。按产品的加工程度划分类别，产品的加工程度越高、越复杂，商品的品目号

---

① 张玉娥等. 农产品贸易研究中农产品范围的界定和分类［J］. 世界农业，2016（5）：6.

排得越靠后。目前,各国海关在贸易统计口径方面多采用 HS 体系,关税税目就是建立在 HS 分类基础之上的,已广泛地应用于进出口贸易申报、海关关税管理、贸易统计及进出口商品检验等众多领域,因此以 HS 为基础的分类体系更偏重于贸易口径。

在对贸易中的农产品进行分类时,不同国家和国际组织的分类所涵盖的范围都不同,有一定的差异,如美国农业部(USDA)和欧盟的统计口径就有一定的差异;世界贸易组织(WTO)和联合国粮农组织(FAO)的统计口径也不同。其中,WTO 的《农业协定》农产品范围(HS 编码为基础)简洁清楚,有一定代表性,乌拉圭回合《农业协定》附件中给出了详细的目录,以 HS 编码为基础,包括 HS 编码 1~24 章除鱼及鱼产品之外(见表 1-1),再加上其他部分产品。

其他产品包括甘露醇(2905.43)、山梨醇(2905.44)、精油(33.01)、蛋白类物质、改性淀粉、胶(35.01-35.05)、整理剂(3809.1)、2905.44 以外的山梨醇(3823.6)、生皮(41.01-41.03)、生毛皮(43.01)、生丝和废丝(50.01-50.03)、羊毛和动物毛(51.01-51.03)、原棉、废棉和已梳棉(52.01-52.03)、生亚麻(53.01)、生大麻(53.02)。

根据研究的方便及 HS 编码的贸易口径,本书所研究的农产品范围界定为:HS 编码的第 1~第 24 章的农产品。

1.3.4 国内外研究现状和趋势

中国是农业大国,近年来随着国内资源、土地和劳动力等禀赋状况的变化,农业生产状况发生了较大的变迁,不同种类的农产品国际竞争力也有升有降,这些都深刻地影响着中国对外农产品贸易。阿拉伯国家由于其独特的地理环境、土地资源、水资源和气候条件,在农产品进口上有其鲜明的特点。下文重点围绕阿拉伯国家农产品进口状况、中国对阿拉伯国家农产品出口贸易状况和农产品竞争力等方面进行文献梳理和评述。

1.3.4.1 阿拉伯国家农产品进口情况研究

第一,有关阿拉伯国家地区粮食安全问题研究。总体来看,由于该地区粮食安全问题比较突出,因此许多国外研究都是围绕阿拉伯国家粮食安全的起因、发展状况和解决方案等展开的。例如,达耶姆和麦克唐纳

表 1-1　WTO《农业协定》农产品范围 1024 章（HS 编码为基础）

代码	农产品	代码	农产品	代码	农产品	代码	农产品
01	活动物	09	咖啡、茶、马黛及调味香料	17	糖及糖食	2905.43	甘露糖醇	50.01-03	生丝及戎丝
02	肉及食用杂碎	10	谷物	18	可可、可可制品	2905.44	山梨醇	51.01-03	羊毛及动物毛
03	鱼及其他水生无脊椎动物	11	制粉工业产品；麦芽；淀粉等	19	谷物粉、淀粉等或乳制品；糕饼	33.01	精炼油类	52.01-03	原棉、废棉、精梳棉
04	乳蛋蜂蜜；其他食用动物产品	12	油籽；仁；工业或药用植物；饲料	20	蔬菜、水果等或植物其他部分的制品	35.01-01	类蛋白物质，改性淀粉，胶类物质	53.01	亚麻、亚麻短纤及废麻
05	其他动物产品	13	虫胶树胶树脂、其他植物液汁	21	杂项制品	3809.1	工业用淀粉整理剂	53.02	大麻、大麻短纤及废麻
06	活植物；茎、根、插话、簇叶	14	编结用植物材料；其他植物品	22	饮料、酒及醋	3823.6	290544 以外的山梨醇		
07	食用蔬菜、根及块茎	15	动、植物油、脂及其分解产品；精制的食用油脂；动、植物蜡	23	食品工业的残渣及废料；配制的饲料	41.01-03	生革及毛皮		
08	食用水果坚果；甜瓜等的果皮	16	肉、鱼及其他水生无脊椎动物的制品	24	烟草、烟草及腌菜代用品的制品	4301	生毛皮		

(Safwat Abdel – Dayem and Rachael McDonnell, 2012) 对阿拉伯地区的水资源与粮食安全状况进行了研究，研究指出，阿拉伯地区人口增长率高，水资源有限，农产品赤字大且增长迅速，虽然在过去的几十年里，作物产量值是逐渐增加的，但利用有限的水资源，阿拉伯国家仍无法自给自足，它们已经成为食品的净进口国，农业贸易自由化已经成为可以帮助一些国家实现粮食安全目标的重要工具。朱利安·兰皮蒂（Julian A. Lampietti, 2011）等研究提高阿拉伯国家粮食安全战略框架时指出，阿拉伯国家很容易受到大宗商品国际市场波动的影响，主要是因为他们的食物严重地依赖于进口，至少有50%的食物是通过进口获得的。国内学者主要从阿拉伯国家农产品进口现状、需要进口农产品的原因及促进农业发展的对策建议等多个方面对阿拉伯国家农产品进口的整体概况进行了研究。刘书美（1989）分析认为，1985年阿拉伯国家成为食品进口国，造成阿拉伯国家粮食自给率下降的主要原因是阿拉伯国家长期不重视农业发展和农业政策失误，尤其是当时由于石油价格上涨造成了许多国家不重视农业生产。陈建民（1989）用数据说明了阿拉伯国家农产品自给率低、进口额快速增加的现状，并从自然因素和政策原因两方面对这一现状进行了详细分析，最后研究得出短期内阿拉伯国家农产品进口需求大的这一现状不会得到解决的结论。余玉萍（1999）详细分析了阿拉伯国家需要进口粮食的自然原因和人为原因，指出粮食问题已经成为威胁阿拉伯民族和生存的大问题，同时研究认为，应该利用阿拉伯国家之间的经济互补性，加强阿拉伯国家内部之间的合作与交流，努力摆脱对外国农产品的进口依赖，实现农产品贸易在阿拉伯国家内部的交换。陈杰（2009）通过数据资料说明粮食自给率降低是导致阿拉伯国家农产品进口增多的主要原因，并介绍了目前阿拉伯国家应对粮食危机的主要对策措施，最后还分析指出未来阿拉伯国家粮食安全将面临人口增加造成刚性需求上升的巨大挑战。杨建荣、孙京盟（2009）认为，阿拉伯国家粮食安全情况可分为5类：（1）少数国家农业较发达，粮食基本自给，甚至能有部分出口，如叙利亚和沙特。（2）一半以上的粮食能够自给，剩余部分需进口的国家，包括突尼斯、摩洛哥、利比亚、伊拉克、约旦。（3）仅能生产少量粮食，大部分需进口的国家，包括苏丹、阿尔及利亚、黎巴嫩、阿曼、科摩罗。（4）无粮食生产，全靠进口的国家，它们是位于海湾地区的阿拉伯联合酋长国、科威特、巴林、卡塔尔。（5）经济不发达，靠进口和国际援助，如也门、索马里、吉布提、毛里塔尼亚和巴勒斯坦。他们提出的解决方案是：阿拉伯国家应高度重视农业在国民经济中的作用，增强内部互助合作精神，发掘、利用和保护好已有的环境资源，加大农业科技投资力度，积极寻求国际合作，开拓海外粮食基地，以保证今后长期的粮食生产与供应。肖洋（2015）认为，阿拉伯国家是"一带一路"倡议的地缘枢纽，其社会稳定形势直接影响"一带一路"倡议全局。粮价上涨导致的食品危机是推动阿拉伯国家社会动荡的重要因素。阿拉伯国家产业结构低度化与空心化是导致粮食危机的经济根源。阿拉伯国家的粮食安全形势非常严峻，对非产油国和海湾国家影响巨大。一方面经济不振削弱了阿拉伯国家的粮食进口能力，而人口爆炸、高贫困率导致巨大的粮食需求；另一方面，发放巨额食品补贴进一步增大了阿拉伯国家的财政负担。

第二，阿拉伯国家农产品进口需求方面的研究。目前，只有少量文献对阿拉伯国家主要农产品的进口需求状况做出了研究。其中，刘书美（1989）在《阿拉伯国家的粮食问题》中对阿拉伯国家主要农产品自给率的变化情况进行了详细描述，指出小麦、大米、水果、蔬菜、肉及奶等农产品自给率都有所下降，对外依赖度大幅上升，并在此基础之上分析了这一现象产生的原因，最后总结了各国政府为解决这一问题所采取的措施。黄运发（1999）在《阿拉伯国家的农业发展近况》中详细分析了阿拉伯国家主要农产品的进口排名，总结了各类农产品的主要进口国家，指出在阿拉伯国家鱼类可满足自给，且部分可供出口；鸡蛋和果蔬的自给率达98%；粮食、奶类和肉类无法满足国内需求，需进口一部分；而植物油和食糖则大部分都需进口。

第三，海合会国家农产品进口需求状况的研究。海合会指海湾阿拉伯国家合作委员会，它是海湾地区最主要的政治经济组织，简称海湾合作委员会或海合会。海合会成立于1981年5月，总部设在沙特阿拉伯首都利雅得。海合会成员国包括阿联酋、阿曼、巴林、卡塔尔、科威特、沙特阿拉伯和也门七国，后来也门退出。海合会成立的主要目标是促进海湾六国的经济及社会发展，是中东地区一个非常重要的区域经济一体化组织，对海湾六国内部及与其他国家和地区之间的经济、政治和文化交往都具有非常重要的作用。鉴于其重要地位，因而有一部分学者将海湾阿拉伯国家单独列出作为研究对象，对海湾六国的农产品进口市场需求状况做了详细研究。杨建荣、孙京盟（2009）研究指出，海湾六国中除沙特生产农产品外，其他五国都需要大量进口农产品；产生粮食危机的原因有客观原因也有主观原因，客观原因如自然环境、外部环境、资源环境等，主观原因如人口增长过快、对农业发展不重视、缺乏合作意识、局势不稳定等。杨韶艳、李明丽（2013）对目前海湾阿拉伯国家的农产品进口规模和进口结构进行了概述，并用数据说明其需求量最大的农产品是谷物，而籽仁、油籽及制成的饲料是目前进口增长率最高的农产品，同时由于海湾阿拉伯国家较高的收入水平，使其逐渐增加对香烟和肉类产品的进口，以此替代对谷物产品的进口。李益波（2013）对海合会国家生产农产品的基本情况做了介绍，指出先天的不利条件导致海合会国家农业基础薄弱，90%的农产品需要进口，同时还认为随着海合会国家人口的高速增长会导致对农产品的刚性需求大增，而城市化的进程必然带来农业用地被占用，农产品产量减少，最终导致海湾国家农产品进口需求极大增加，最后研究提出，应通过海外采购和加强地区间及国际合作确保海湾国家的农产品安全。

1.3.4.2 中国对阿拉伯国家农产品出口贸易研究

在现有文献中，大多数成果都是关于中阿农产品贸易状况的分析。杨莲娜（2008）介绍了沙特主要农产品的生产及贸易状况，认为沙特阿拉伯仍需大量进口农产品，同时中国发展对沙特的农产品出口贸易是机遇与挑战并存，最后研究认为，中国应当通过对沙特做进一步深入了解以及重视开拓沙特市场等措施扩大农产品出口。杨韶艳（2011）在将中国农产品对沙特的出口现状进行阐述之后，分析了未来的贸易发展趋势，指出中国对沙特的农产品出口贸易将会不断扩大，但出口结构可能发生变化，然后选取三个指标分析了中国农产品的出口竞争力，得出中国农产品在沙特阿拉伯市场竞争力相对不足的结论，并提出促进中国农产品出口沙特阿拉伯的对策建议。王惠方（2012）分析了中国对海合会国家出口农产品的规模和结构，并通过建立相关的引力模型，从实证角度分析了中国农产品出口海湾国家的潜力，认为虽然目前中国对其出口的农产品还比较少，但未来出口贸易发展潜力巨大。沈昌纯（1989）运用数据说明了随着生活水平的提高，阿拉伯国家对于农产品的进口需求不断增加，未来进口需求量还将有所扩大，同时还分析了庞大的农产品进口需求对阿拉伯国家带来的不利影响，最后研究认为，可以通过中阿合作的不断深化而加强双方在农产品生产和供应方面的合作。杨莲娜（2008）认为，沙特政府虽然在大力发展本国农业，但还是需要大量的农产品进口；中国对沙特出口的农产品主要是蔬菜、水果、坚果等，而沙特需要大量进口的肉制品，中国对其出口很少。她提出扩大中国对沙特农产品的出口的主要策略是出口具有竞争优势的产品，详细了解沙特的食品法律和市场准入规则等。

1.3.4.3 出口产品竞争力评价

出口产品竞争力评价在国际贸易领域是一个由来已久的问题，研究发展到今天已经形成了一整套较成熟的可以评价竞争力水平的指标。以下是该研究中被广泛使用的指标。

显示性指标评价法被广泛用来评价竞争力水平。张金昌（2002）认为，显示性比较优势指数、显性竞争优势指数、净出口显性比较优势指数是反映出口所占比例的主要指数。姜爱林（2004）认为，出口竞争力和国际竞争力具有高度的相关性，可以根据显示性指标评价法来评价竞争力。

市场占有率（MS）、出口增长率能直观反映一国出口商品在某一市场的份额大小，也是文献中经常使用的指标。桑雅和曼努埃尔（Sanjya and Manuel，2003）通过中国出口商品的国际市场占有率（MS）考察了20世纪中国商品的出口竞争力，研究发现，中国与其他亚洲邻国的贸易关系是互补而非竞争关系。张昱（2006）采用国际市场占有率（MS）、贸易竞争力、出口优势增长指数分析了广东省的对外贸易竞争力。杨韶艳（2011）运用市场占有率（MS）、出口相似度、贸易强度测算了2003~2007年中国对沙特阿拉伯农产品的出口结构，研究发现中国农产品在沙特的竞争力不强，但仍有出口空间。陈雯（2005）运用变动市场份额分析法、出口产品结构相似度和RCA指数研究了中、马、泰三国电子产品的出口竞争力。

RCA指数是应用频率较高的竞争力指标。马图和迪莱克（Utku and Dilek，2004）应用RCA指数分析了土耳其向欧盟出口商品的竞争力，充分验证了RCA指数的可靠性。帅传敏等（2003）、田贞余（2005）等采用RCA指数对农产品、劳动密集型产品的出口竞争力进行研究。黄静波、赖伟娟（2004）运用显示性比较优势指数（RCA）和竞争力指数（TC）研究了广东省的对外贸易现状，表明广东劳动密集型产品具有比较优势。杨怡爽（2006）运用显示性比较优势指数（RCA）进行研究，结果表明中国轻工制造业的竞争力优于印度。在该指标基础上，沃尔热森（Vollratlh，1988）提出了显示性竞争比较优势指数（CA），计算方法是从出口的比较优势中减去进口的比较优势，从而获得产业真正的竞争优势，该指标近年来也被广泛使用。

贸易竞争力指数（TC）是国际竞争力常用的测度指标之一。魏浩（2008）从贸易竞争力指数（TC）、价格和质量竞争力分析了中国工业制成品的出口竞争力状况。玛利亚（Maria，2001）采用了贸易竞争力指数（TC）、产业内贸易等指数测度了1990~2000年世界各区域农产品的竞争力状况。邹朋成（2006）通过贸易竞争力指数（TC）分析了广西对外贸易现状，结果表明广西初级产品的出口方较其他省份有明显优势。

产业内贸易指数（IIT）是测量产业内贸易重要性程度的指标。沃科罗科索娃（Vokorokosova，2004）运用IIT指数对斯洛伐克、捷克、德国SITC三位数下产品的产业内贸易水平进行了测度。陈双喜、王磊（2010）认为，中日的服务贸易以产业间贸易为主，人均GDP、规模经济对外开放程度等是影响双方产业内贸易水平的重要因素。王进、巫雪芬（2011）认为，产业内贸易推动了金砖国家的贸易发展。

1.3.4.4 出口竞争力影响因素的研究

关于出口竞争力影响因素的定性研究文献很多。琼斯和朗伯格（Junz and Rhomberg，1964）认为，价格是影响竞争力的主要因素，在对1956~1963年11个工业国家商品的出口竞争力研究可知，出口价格影响了工业品43%的出口份额，价格下降1%出口下降约3%。艾维格和罗伯特（Inving and Robert，1971）以美国、英国、德国、日本及欧共体其他成员国9类重要商品的出口价格为基础，编制了反映出口价格变化的普遍价格指数和两国出口价格相对水平的价格竞争力指数。此外，汇率的变动也会影响出口竞争力，格尔圭尔和考夫曼（Guerguil and Kaufman，1998）的研究表明，智利的实际汇率变动与国际竞争力成正比，智利不断提高生产力状况，改变要素禀赋结构，汇率上升后，国际竞争力不断增加。法格贝格（Fagerberg，2005）研究表明，先进的技术和充足的供给能力有利于提高国际竞争力。马丹（2006）认为，在人民币持续升值的大背景下，提升中国产品的出口竞争力需要提高科技竞争力和供给能力。谢建国（2011）认为，外商直接投资、国内投资对出口竞争力的影响是中性，劳动密集型产品要重点提高劳动生产率。

从出口竞争力影响因素的定量角度出发，桑（Saang，2008）将中国与出口国的汇率计入计量模型中，通过测算发现，竞争对手的汇率变动会影响中国出口竞争力。塞维利亚（M. seveal，2002）将国民生产总值、地理距离等因素计入引力模型中，进行计量回归，研究发现，国民生产总值、地理距离与商品贸易总额成正比。孟猛、郑昭阳（2008）基于分类的制造业面板数据为依据，分析了中国与主要贸易伙伴国的贸易情况，结果发现，人民币升值会降低中国制造业的出口。王应贵（2007）研究发现，国内经济体制改革和外向型产业投资的增长会影响中国出口商品的竞争优势。

现有文献对于我们了解阿拉伯国家的粮食安全状况、进口基本状况和中阿农产品贸易的基本状况提供了一定的背景和借鉴。但是，现有研究也存在诸多局限性，如目前对阿拉伯国家农产品进口需求状况的分析大多以总体概述为主，并没有运用数据对阿拉伯国家进口农产品市场需求状况作出更为深入细致的分析；在对中国农产品出口阿拉伯国家的研究中，多以海湾六国或单个阿拉伯国家为研究对象，缺少将整体 22 个阿拉伯国家作为研究对象的成果；对中国与阿拉伯国家农产品贸易的研究缺乏竞争力方面的分析，研究缺乏客观、科学的定量分析；对于影响中国与阿拉伯国家农产品贸易流量的因素分析基本没有研究，需要采用引力模型加以具体分析，为中国扩大对阿拉伯国家农产品贸易规模提供更为精确的政策指向。有鉴于此，本书将在深入分析阿拉伯国家农产品进出口规模、地理方向等基础上，深入分析中阿农产品贸易特征、中国农产品在阿拉伯国家市场上的竞争力和贸易影响因素。

1.4 研究的创新之处和不足

1.4.1 可能的创新

对于中国与阿拉伯国家的农产品贸易进行了系统详细的研究。主要内容涉及农产品出口贸易的现状、规模、结构和竞争力等，逻辑合理且结构完整。运用联合国贸易数据库数据在不同层次 HS 编码下更加客观、真实地展现出口现状，使分析更具有现实意义。

基于"一带一路"建设的背景，结合双方农产品贸易互补性的现实，对于双方贸易潜力建立引力模型进行估计，为双方推动农产品贸易发展提供可行性较强的政策建议和思路。

1.4.2 研究的不足之处

本书对农产品的概念作了界定，但是在计算各贸易竞争力和互补性指数时，基于研究便利性的考虑，本书只计算了 HS 编码中第 1～第 24 章的农产品，略去了表 1-1 中给出的 2905.43～53.02 的产品，由于这部分商品贸易额不高，基本不影响研究结论，但研究的全面性受到一定影响。

本书更多地将阿拉伯 22 个国家作为一个整体来对相应问题进行研究，如果能够选取一些重点国家如沙特阿拉伯、阿联酋等进行更为具体的研究，则研究将更为全面和深入。

第 2 章

阿拉伯国家农产品进出口贸易的现状、结构及特征

一个国家或者地区对外贸易的基础和模式与其资源禀赋状况紧密相关，也受到其生产技术水平的影响。同时对外贸易既是经济发展水平的重要影响因素，又受制约于经济发展基本状况。从农产品贸易来看，更是如此。

2.1 阿拉伯国家经济发展基本状况

2.1.1 阿拉伯国家经济发展基本特征

阿拉伯国家由于自然地理条件、资源禀赋条件和生产技术状况等具有自身的特点，其经济发展与其他国家和区域相比也具有独特的特点。

2.1.1.1 经济规模不断扩大，在世界经济总量中的占比不断上升

自进入 21 世纪以来，一些阿拉伯国家经济发展势头较好，尤其一些产油国经济增速较快。总体来看，其经济总量规模不断扩大，在世界经济中所占比重呈上升趋势，在世界范围内的经济地位不断提高。2000 年阿拉伯国家 GDP 占世界总 GDP 的 2.2%，之后一直呈上升趋势。2009 年由于受到 2008 年爆发的国际金融危机影响，阿拉伯国家 GDP 占世界总 GDP 的比重出现下降，但在 2010 年之后呈现上升趋势。虽然在 2013 年由于世界经济增长放缓，阿拉伯国家 GDP 占世界 GDP 的比重出现了下降趋势，但

从近年来的发展来看，阿拉伯国家经济发展总体态势良好。2015 年阿拉伯国家 GDP 占世界总 GDP 的 3.44%，① 比 2000 年提高了 1.24%；2016 年该占比稍有下降，达到 3.3%。其中，沙特阿拉伯是阿拉伯国家最重要的经济体，占阿拉伯国家 GDP 比重达到约 25.8%，2005 年 GDP 为 3284.6 亿美元，2016 年就达到了 6464.4 亿美元，增加了近一倍。②

2.1.1.2 经济结构单一，能源经济占据重要地位

中东油气资源极为丰富，油气的储量、产量和出口量均居世界首位，有"世界能源库"之称。截至 2006 年，中东地区石油探明储量达 1805 亿吨，占全球探明储量的 62%。在 22 个阿拉伯国家联盟成员国中有 16 个阿拉伯国家生产石油，从而形成了阿拉伯世界独特的产业、经济结构和社会经济发展模式。仅从出口收入而言，多数阿拉伯国家的油气收入占国家出口收入的比重，从经济相对多元化的阿联酋的 33%，到高度出口导向的沙特阿拉伯和卡塔尔的 88%，再到阿尔及利亚和伊拉克的 97%，长期居高不下。③ 阿拉伯国家油气资源极其丰富，能源禀赋条件优越，由于以能源为主的单一产业结构的长期存在，可以说油气资源建构了阿拉伯国家的社会经济发展模式。石油和天然气在阿拉伯国家经济社会发展中具有举足轻重的地位和作用，油气产业一支独大的局面长期存在。阿拉伯产油国经济和社会发展高度依赖石油和天然气，形成了以能源为主的社会经济发展模式，工业和经济结构单一，经济多元化水平低下。④

2.1.1.3 经济发展水平国别差距明显

阿拉伯国家联盟 22 个国家资源禀赋不尽相同，各国的地理区位、自然条件有差异，同时，各国对于经济发展的战略和选取的路径各不相同，导致了各国的经济发展水平有较大的差异。总体来看，石油和天然气等能源丰富的国家经济发展水平相对较高，如阿联酋和沙特阿拉伯等海湾国家，它们在石油经济的基础上建立了能源化工等产业基础，同时也在积极谋求多元化的发展路径，如阿联酋目前石油收入在 GDP 中的比重在不断

---

① 根据世界银行数据整理所得（现价美元：2016 年 10 月 20 日）。
② 根据世界银行数据整理计算。
③ 吴磊，杨泽榆. 阿拉伯国家社会转型中经济发展面临的挑战 [J]. 阿拉伯世界研究，2014（9）：13－14.
④ 吴磊，杨泽榆. 阿拉伯国家社会转型中经济发展面临的挑战 [J]. 阿拉伯世界研究，2014（9）：12.

下降，但是旅游、金融等现代服务业的比重在不断上升。埃及和阿尔及利亚等国家具有一定的工农业基础，也有一定的石油出口，同时，这些国家农业基础较好，农业产业有一定发展。但是，也有相当一部分国家工业基础比较薄弱，如约旦、突尼斯、摩洛哥、苏丹、也门等国家，它们的工农业都不发达，缺乏经济增长动力。

在22个阿拉伯国家中，海湾六国（即沙特阿拉伯、科威特、卡塔尔、巴林、阿曼和阿联酋）国内生产总值GDP占阿拉伯国家总的GDP的比重平均为55%左右，明显高于北非国家和其他阿拉伯国家。北非国家（即埃及、利比亚、苏丹、阿尔及利亚、突尼斯和摩洛哥）GDP占阿拉伯国家总的GDP的比重平均为31%左右，其他阿拉伯国家（即巴勒斯坦、吉布提、黎巴嫩、毛里塔尼亚、索马里、叙利亚、也门、利拉克、约旦和科摩罗）GDP占阿拉伯国家总的GDP的比重平均为15%左右。

22个阿拉伯国家中经济发展状况最好的是海湾六国，在22个阿拉伯国家中的经济总量占比超过了一半，其主要原因是海湾六国位于阿拉伯半岛上，区位优势十分突出，油气资源得天独厚，海湾六国素有"世界油气宝库"的美誉，全球石油储量最多的国家中有3个为海合会成员国。[①] 同时海合会是中东地区乃至其他发展中国家和地区运行最为成功、结合最为紧密的区域性组织，为推动当地的经济发展发挥了举足轻重的作用。

2.1.2 阿拉伯国家农业生产条件及发展状况

人类在亿万年的繁衍生息中，最重要的基础是农业物质生产。农业是各个国家重要的物质生产部门，是国民经济的重要组成部分，是其他产业门类发展的基础。农业发展对一国的社会发展起着重要的制约或推动作用。阿拉伯国家不同国家的农业生产条件不同，农业发展水平差异较大。有些国家限于自然地理条件，农业生产比较薄弱，甚至农产品不能自给，需要大量进口。

2.1.2.1 阿拉伯国家农业生产条件

（1）自然地理环境。阿拉伯国家主要分布在西亚北非地区，个别国家位于非洲东南部，地区总面积为1420万平方公里，其中在非洲的面积占

---

① 万里，杨明星. 海合会一体化中的优势与困境［J］. 西亚非洲，2006（6）：41.

72%，在亚洲的面积占28%。① 地处亚热带，气候干旱，雨量稀少，其地理特征基本体现为沙漠和丘陵，土地面积的80%是沙漠和半干旱地质，适合农作物生长的土地有限，耕地面积约仅占土地总面积的4.2%，② 而有限的可耕地还面临沙化的危险。1961~1978年，西亚阿拉伯国家人均耕地面积减少40%，种植粮食的耕地1979年为890万公顷，人均占有0.1公顷，低于世界人均占有粮食耕地0.17公顷。③

从表2-1中可以看到，2007~2016年阿拉伯国家的耕地面积变化不大。2016年各个阿拉伯国家中耕地占土地总面积的比重由高到低的国家依次为科摩罗（34.93%）、叙利亚（25.39%）、突尼斯（18.67%）、摩洛哥（18.22%）、黎巴嫩（12.9%）、伊拉克（11.52%）。④ 伊拉克的耕地面积占土地面积的比重从2000年的9.37%扩大到2013年的10.63%，而其他阿拉伯国家的耕地面积占土地面积的比重较小，如沙特阿拉伯仅占1.62%，而阿联酋仅占0.63%。

表2-1　　2007~2016年阿拉伯国家耕地占土地面积的百分比　　单位：%

国家	2007年	2008年	2009年	2010年	2011年	2012年	2013年	2014年	2015年	2016年
科摩罗	34.93	34.93	34.93	34.93	34.93	34.93	34.93	34.93	34.93	34.93
叙利亚	25.79	25.59	25.43	25.52	25.39	25.40	25.39	25.39	25.39	25.39
突尼斯	17.59	18.25	17.42	18.17	18.27	18.33	18.36	18.67	18.67	18.67
摩洛哥	18.07	18.04	18.01	17.32	17.49	18.03	18.21	18.22	18.22	18.22
黎巴嫩	13.12	12.02	12.02	11.14	12.22	12.90	12.90	12.90	12.90	12.90
伊拉克	11.32	9.15	8.40	9.21	9.90	9.94	10.63	11.56	11.52	11.52
阿尔及利亚	3.14	3.14	3.15	3.15	3.15	3.15	3.15	3.14	3.13	3.11
埃及	2.58	2.65	2.90	2.89	2.82	2.84	2.72	2.65	2.88	2.80
约旦	1.59	1.69	2.26	2.00	1.98	2.44	2.60	2.68	2.57	2.67
也门	2.59	2.36	2.22	2.45	2.20	2.37	2.36	2.36	2.36	2.36
巴林	1.87	1.58	1.79	2.10	2.09	2.08	2.08	2.08	2.06	2.06

---

① 杨建荣，孙京盟．阿拉伯国家粮食安全问题探究[J]．西亚非洲，2009（11）：33.
② 唐宇华．阿拉伯国家的经济结构与经济发展[J]．西亚非洲，1989（6）：37.
③ 刘书美．阿拉伯国家的粮食问题[J]．阿拉伯世界，1989（6）：54.
④ 黄运发．阿拉伯国家的农业发展近况[J]．阿拉伯世界，1999（1）：26.

续表

国家	2007年	2008年	2009年	2010年	2011年	2012年	2013年	2014年	2015年	2016年
索马里	1.59	1.75	1.75	1.75	1.59	1.59	1.75	1.75	1.75	1.75
沙特阿拉伯	1.60	1.55	1.49	1.48	1.47	1.45	1.43	1.60	1.62	1.62
卡塔尔	1.12	1.25	1.09	1.18	1.06	1.16	1.33	1.30	1.32	1.23
利比亚	0.99	0.99	0.99	0.98	0.98	0.98	0.98	0.98	0.98	0.98
阿拉伯联合酋长国	0.63	0.73	0.70	0.71	0.64	0.52	0.53	0.62	0.62	0.63
科威特	0.63	0.63	0.59	0.56	0.59	0.56	0.65	0.53	0.43	0.45
毛里塔尼亚	0.39	0.39	0.38	0.44	0.39	0.39	0.44	0.44	0.44	0.44
阿曼	0.09	0.10	0.12	0.11	0.12	0.11	0.12	0.12	0.17	0.18
吉布提	0.06	0.05	0.06	0.07	0.09	0.09	0.09	0.09	0.09	0.09
苏丹	—	—	—	—	—	—	—	—	—	—
巴勒斯坦	—	—	—	—	—	—	—	—	—	—

注:"—"代表数据缺失。
资料来源:根据世界银行数据整理。

(2) 水资源。水资源是保证农业生产的重要条件之一,阿拉伯地区沙漠广布,水源稀少,分布也很不均匀。一些主要河流都集中在埃及、苏丹、伊拉克和叙利亚少数几个国家。[①] 阿拉伯国家地表水的主要来源是降雨,年降雨总量约22280亿立方米。据统计,每年发挥效益的水资源约为2640亿立方米。其中,地表水为2250亿立方米,地下水为390亿立方米。一般情况下,用于农业的水量约为1830亿立方米。目前,阿拉伯国家有90%的水浇地采用传统的地表漫灌方法,每公顷耗水约11500立方米,水的有效使用率只占50%~60%,而今最佳的灌溉方法是喷洒和滴灌,但现在采用这种方法的农田仅占10%。根据表2-2和表2-3世界银行2014年的数据,阿拉伯国家水资源相对来看依然是比较稀缺。例如,美国和中国的淡水资源总量分别达到了281800亿立方米和281300亿立方米,但阿拉伯国家仅有11300.58亿立方米。从人均淡水资源数量来看,阿拉伯国家也远低于中国和美国的资源数量,为290.78立方米,仅为美国人均水平的3.3%。在阿拉伯国家,除了少数国家的农业可进行灌溉作业外,大多数国

---

① 倪星源. 阿拉伯国家的农业问题及其措施 [J]. 西亚非洲, 1986 (4): 25.

家的农作物生长是靠雨水。水资源短缺威胁着阿拉伯国家农业的发展。

表 2-2　世界、中国、美国和阿拉伯国家可再生内陆淡水资源总量

单位：百亿立方米

国家	2002 年	2007 年	2012 年	2014 年
世界	43387.55	43392.96	42809.96	42809.96
中国	2813.00	2813.00	2813.00	2813.00
美国	2818.00	2818.00	2818.00	2818.00
阿拉伯国家联盟	109.58	109.58	113.58	113.58
伊拉克	35.2	35.2	35.2	35.2
摩洛哥	29	29	29	29
阿尔及利亚	11.25	11.25	11.25	11.25
叙利亚	7.132	7.132	7.132	7.132
索马里	6	6	6	6
黎巴嫩	4.8	4.8	4.8	4.8
突尼斯	4.195	4.195	4.195	4.195
苏丹	—	—	4	4
沙特阿拉伯	2.4	2.4	2.4	2.4
也门	2.1	2.1	2.1	2.1
埃及	1.8	1.8	1.8	1.8
阿曼	1.4	1.4	1.4	1.4
科摩罗	1.2	1.2	1.2	1.2
利比亚	0.7	0.7	0.7	0.7
约旦	0.682	0.682	0.682	0.682
毛里塔尼亚	0.4	0.4	0.4	0.4
吉布提	0.3	0.3	0.3	0.3
阿拉伯联合酋长国	0.15	0.15	0.15	0.15
卡塔尔	0.056	0.056	0.056	0.056
巴林	0.004	0.004	0.004	0.004
科威特	0	0	0	0
巴勒斯坦	—	—	—	—

注："—"代表数据缺失。
资料来源：根据世界银行数据整理。

表2-3 世界、中国、美国和阿拉伯国家人均可再生内陆淡水资源量

单位：立方米

国家	2002年	2007年	2012年	2014年
世界	6995.13	6567.85	6064.37	5920.72
中国	2196.97	2134.48	2082.63	2061.91
美国	9797.47	9354.94	8978.12	8850.88
阿拉伯国家联盟	409.88	366.04	303.77	290.78
科摩罗	2107.19	1870.27	1657.76	1580.23
伊拉克	1411.43	1239.85	1073.94	1005.54
黎巴嫩	1362.54	1174.61	976.32	856.64
摩洛哥	982.64	928.72	869.99	845.04
索马里	627.34	543.55	470.08	444.01
突尼斯	425.27	407.36	385.33	376.44
叙利亚	417.37	363.27	349.25	371.4
阿曼	599.76	525.77	404.08	353.45
吉布提	402.03	370.64	340.45	328.89
阿尔及利亚	351.62	327.99	299.47	287.63
利比亚	126.64	117.25	112.93	112.83
苏丹	—	—	106.07	101.65
毛里塔尼亚	139.22	120.75	104.43	98.43
也门	111	96.54	84.3	80.01
沙特阿拉伯	109.56	95.04	82.51	77.98
约旦	128.98	110.12	85.33	77.42
卡塔尔	86.73	47.07	26.55	23.58
埃及	24.8	22.63	20.5	19.61
阿拉伯联合酋长国	42.77	24.82	16.85	16.54
巴林	5.44	3.86	3.08	2.99
科威特	0	0	0	0
巴勒斯坦	—	—	—	—

注："—"代表数据缺失。
资料来源：根据世界银行数据整理。

(3) 人口。阿拉伯国家人口主要分布在具有农业发展潜力的尼罗河、幼发拉底河和底格里斯河地区，以及雨量充沛适宜于耕作和畜牧业的地区。[①] 从表2-4中可以看出，2007～2017年阿拉伯国家的总人口占世界的总人口的比重从4.96%上升到5.50%，阿拉伯国家一直保持着较高的人口增长速度，人口年增长率始终高于世界平均水平，这是由人口基数、生育观念、国家政策等多种原因导致，而人口的迅速增长导致了人口结构年轻化和赡养人口比例增大。2017年，阿拉伯国家总人口的33.09%在15岁以下，而世界总人口的25.94%在15岁以下，这表明，阿拉伯国家0～14岁的人口占总人口的比重高于世界水平。同时，阿拉伯国家15～64岁的人口占总人口的比重和65岁及65岁以上的人口占总人口的比重低于世界平均水平。这些都是人口快速增长的明显表现，而人口快速增长的一个后果就是对粮食和农产品需求的增加。由于阿拉伯国家粮食自给率不高，这导致一些国家的进口不断增加。进入20世纪80年代，随着世界人口增加，但谷物供给却未能相应增加，导致世界市场上谷物价格上涨，也使得许多阿拉伯国家进口用汇急剧增加。

表2-4　　　　　　2007～2017年世界和阿拉伯国家人口状况

年份	阿盟总人口/世界总人口（%）	人口增长（年度百分比）（%）		0～14岁的人口（占总人口的百分比）（%）		15～64岁的人口（占总人口的百分比）（%）		65岁和65岁以上的人口（占总人口的百分比）（%）	
		世界	阿盟	世界	阿盟	世界	阿盟	世界	阿盟
2007	4.96	1.24	2.43	27.47	34.70	65.09	61.16	7.44	4.14
2008	5.02	1.24	2.46	27.23	34.27	65.27	61.59	7.49	4.14
2009	5.08	1.23	2.45	27.02	33.92	65.42	61.94	7.56	4.14
2010	5.14	1.22	2.40	26.83	33.64	65.54	62.21	7.64	4.16
2011	5.20	1.18	2.35	26.68	33.48	65.58	62.34	7.74	4.18
2012	5.26	1.21	2.31	26.55	33.40	65.60	62.40	7.85	4.20
2013	5.31	1.20	2.25	26.42	33.36	65.60	62.41	7.97	4.23
2014	5.36	1.20	2.19	26.30	33.33	65.54	62.40	8.12	4.27
2015	5.41	1.18	2.12	26.18	33.26	65.54	62.42	8.28	4.32

---

① 唐宇华．阿拉伯国家的经济结构与经济发展 [J]．西亚非洲，1989 (6)：37．

第2章 阿拉伯国家农产品进出口贸易的现状、结构及特征 33

续表

年份	阿盟总人口/世界总人口（%）	人口增长（年度百分比）（%）		0~14岁的人口（占总人口的百分比）（%）		15~64岁的人口（占总人口的百分比）（%）		65岁和65岁以上的人口（占总人口的百分比）（%）	
		世界	阿盟	世界	阿盟	世界	阿盟	世界	阿盟
2016	5.46	1.18	2.05	26.06	33.22	65.45	62.39	8.48	4.40
2017	5.50	1.15	1.98	25.94	33.09	65.36	62.42	8.70	4.49

注："—"代表数据缺失。
资料来源：根据世界银行数据整理。

2.1.2.2 阿拉伯国家农业发展状况

（1）农业人口变化。如表2-5所示，2017年，在阿拉伯国家中，科摩罗农业人口占总人口的比重最高，约为71%；苏丹、也门、埃及和索马里农业人口占本国总人口的比重在一半以上；而海合会国家农业人口普遍相对较少，如卡塔尔和科威特农业人口占总人口的比重不足1%，阿联酋、约旦和沙特阿拉伯等国家农业人口比重不高还呈下降趋势。

表2-5　　　2007~2017年阿拉伯国家农业人口占总人口的比重　　　单位：%

国家	2007年	2008年	2009年	2010年	2011年	2012年	2013年	2014年	2015年	2016年	2017年
科摩罗	72.13	72.11	72.08	72.03	71.96	71.88	71.78	71.66	71.53	71.38	71.22
苏丹	67.13	67.08	67.01	66.91	66.79	66.65	66.49	66.31	66.11	65.88	65.63
也门	69.95	69.38	68.81	68.22	67.64	67.04	66.44	65.84	65.22	64.61	63.98
埃及	56.92	56.94	56.96	56.98	57	57.05	57.11	57.16	57.22	57.27	57.3
索马里	65.60	63.99	62.36	60.69	59	58.44	57.88	57.32	56.76	56.11	55.61
毛里塔尼亚	56.11	55.21	54.31	53.41	52.51	51.6	50.69	49.8	48.91	48.04	47.18
叙利亚	45.49	45.13	44.76	44.4	45.42	46.45	47.47	48.5	47.83	47.17	46.5
摩洛哥	43.68	43.11	42.55	41.98	41.42	40.86	40.3	39.74	39.19	38.64	38.09
突尼斯	34.11	33.91	33.62	33.34	33.06	32.78	32.51	32.23	31.94	31.65	31.36
伊拉克	31.13	31.07	31.02	30.9	30.73	30.57	30.41	30.24	30.08	29.91	29.72
阿尔及利亚	34.65	33.9	33.17	32.46	31.76	31.09	30.42	29.78	29.15	28.54	27.95

续表

国家	2007年	2008年	2009年	2010年	2011年	2012年	2013年	2014年	2015年	2016年	2017年
吉布提	23.15	23.1	23.06	23	22.94	22.86	22.78	22.69	22.58	22.47	22.35
利比亚	22.563	22.37	22.16	21.95	21.72	21.49	21.24	20.99	20.73	20.46	20.18
阿曼	26.47	25.92	25.38	24.84	23.82	22.44	21.12	19.86	18.65	17.5	16.44
沙特阿拉伯	18.57	18.35	18.13	17.92	17.7	17.48	17.26	17.04	16.82	16.6	16.38
阿拉伯联合酋长国	16.98	16.61	16.26	15.91	15.58	15.25	14.93	14.63	14.33	14.04	13.75
黎巴嫩	13.10	12.96	12.81	12.67	12.52	12.36	12.21	12.05	11.89	11.73	11.57
巴林	11.51	11.47	11.42	11.37	11.31	11.24	11.17	11.09	11	10.91	10.81
约旦	17.63	16.31	15.07	13.91	12.83	11.82	10.88	10	9.74	9.49	9.25
卡塔尔	2.08	1.86	1.66	1.5	1.4	1.3	1.22	1.13	1.06	0.98	0.92
科威特	0	0	0	0	0	0	0	0	0	0	0
巴勒斯坦	—	—	—	—	—	—	—	—	—	—	—

注："—"代表数据缺失。
资料来源：根据世界银行数据整理。

虽然埃及等国家农业人口占比较高，但是从20世纪70年代起，埃及实施了错误的农业政策，未能充分重视农业的发展，农业人口多的优势未能充分发挥，而且还造成粮食自给率下降。当时许多阿拉伯国家都面临同样的情况。起因是在20世纪70年代，世界谷物生产过剩，各产粮国竞相廉价推销剩余谷物。当时正值阿拉伯世界石油开采工业蓬勃发展，石油禁运后，油价暴涨，每桶原油高达32美元~40美元。埃及的石油收入每年达20亿美元以上。当时埃及每年进口170多万吨小麦，仅用了2亿美元。在这种背景下，阿拉伯国家开始重视石油工业，而对粮食生产未给予应有的重视，对农业投资逐年减少。70年代阿拉伯国家的农业投资占总投资的14%，到80年代降到9%，造成阿拉伯国家食品产量低速增长，年增长率为4%，而年进口食品增长率为16%。[①]

（2）阿拉伯国家的农业在经济发展中的地位。表2-6中的数据显示，阿拉伯国家联盟农产品增加值占GDP的比重一直高于世界水平，这表明

---

① 刘书美. 阿拉伯国家的粮食问题 [J]. 阿拉伯世界，1989 (6)：53.

总体来看，阿拉伯国家工业不发达，GDP构成中农业比重相对较大。尤其是科摩罗、苏丹和毛里塔尼亚等国家，它们的农业增加值占GDP的比重甚至高于20%，这也表明这些国家经济主要依靠农业。从中国农业增加值占比来看，2007年达到10.28%，2017年下降到7.92%，这表明中国工业化程度加深，农业在经济中的重要性相对下降。但是2017年阿拉伯国家农业增加值占GDP的比重比起2007年反而有所上升，从5.44%上升到5.49%，这从侧面反映了一些阿拉伯国家经济还是比较依赖农业的。

表2-6　　　　2007~2017年世界、中国及主要阿拉伯国家农业增加值占GDP的比重　　　　单位：%

年份	世界	阿拉伯国家联盟	科摩罗	苏丹	毛里塔尼亚	摩洛哥	中国
2007	3.76	5.44	28.96	25.18	23.62	10.86	10.28
2008	3.75	4.63	29.14	24.51	23.44	11.96	10.25
2009	3.70	5.39	30.03	24.67	24.11	13.03	9.79
2010	3.68	5.16	30.42	23.31	20.29	12.94	9.53
2011	3.73	5.06	30.56	24.36	17.09	13.12	9.43
2012	3.65	4.99	30.17	33.14	17.93	12.33	9.42
2013	3.71	5.22	30.79	33.76	18.00	13.39	9.30
2014	3.62	5.17	30.01	31.85	21.91	11.66	9.06
2015	3.55	5.48	30.03	31.42	24.52	12.63	8.83
2016	3.55	5.56	29.64	31.20	23.99	11.99	8.56
2017	—	5.49	29.94	30.45	23.14	12.38	7.92

注："—"代表数据缺失。
资料来源：根据世界银行数据整理。

（3）阿拉伯国家谷物进口依赖情况。由于各种原因，阿拉伯大部分国家无法实现完全的谷物自给，都不同程度地需要进口。阿联酋所有的谷物都需要进口，科威特谷物进口依赖率超过了97%。总体来看，北非国家谷物进口依赖程度低一些，而海合会国家相对较高。沙特阿拉伯作为区域内最大的经济体，也通过采取各种措施来增加谷物自给率，但是由于缺乏水资源，使得种植成本非常高昂，2011~2013年间谷物进口依赖率也高达96%，如表2-7所示。

表2-7　　　　　　　　阿拉伯国家谷物进口依赖率　　　　　　单位：%

国家	1999~2001年	2001~2003年	2003~2005年	2005~2007年	2007~2009年	2009~2011年	2011~2013年
世界	-0.5	-0.4	-0.5	-0.5	-0.6	-0.7	-1
吉布提	100	100	100	100	100	100	100
突尼斯	100	100	100	100	92.7	83.5	100
科威特	100	96.3	100	100	100	98.3	97.3
沙特阿拉伯	75	70.9	72.6	77.9	82.5	91.6	96
也门	81.6	79.5	81	86.6	86.3	87.7	95.3
约旦	91.5	94.4	98.8	98.7	97.7	91.1	93.6
阿曼	100	90.6	86	91.6	100	95.5	93.1
毛里塔尼亚	64.2	62.1	60.5	67.4	77.1	78.3	87.1
黎巴嫩	90	88.6	89.1	79.6	87.9	90.9	86.5
阿尔及利亚	78.8	74	70.1	70.6	72.8	70.6	72.2
阿拉伯联合酋长国	60.6	69.3	54.5	61.3	61.4	57.5	59.7
利比亚	—	64.1	80.2	79.8	61.8	60.6	54.1
伊拉克	78.2	53.7	46.6	60	59.4	58.4	51.8
埃及	34.1	32.3	27.8	35.6	38	43.9	42.1
摩洛哥	50.8	44.3	39	45.9	48.1	39.3	42.1
苏丹	—	—	—	—	—	—	18.3
巴林	—	—	—	—	—	—	—
科摩罗	—	—	—	—	—	—	—
卡塔尔	—	—	—	—	—	—	—
叙利亚	—	—	—	—	—	—	—
巴勒斯坦	—	—	—	—	—	—	—
索马里	—	—	—	—	—	—	—

注："—"代表数据缺失。
资料来源：根据世界粮农组织数据整理。

（4）各个阿拉伯国家农业发展情况。阿拉伯国家地理特征总体上表现为以沙漠和丘陵为主，气候炎热，淡水资源非常缺乏，不适宜农作物生长，但是从具体国家来看，情况还不尽然完全相同。在北非尼罗河流域和西亚两河流域等有水源的地区，农业在有一些国家仍然是非常重要的产业，如北非地区的苏丹、埃及、突尼斯、摩洛哥；西亚地区的伊拉克和叙利亚等。这些地区主要的农产品包括：小麦、大麦、玉米、棉花、甘蔗、椰枣、橄榄和甜菜等。

以沙特阿拉伯为代表的一些国家由于缺乏淡水资源，农业发展受到的制约比较大，导致粮食自给率比较低。在20世纪70年代末期，为了改变对粮食进口的依赖，沙特阿拉伯采取了一定的措施来发展农业，包括无偿分配土地鼓励企业和个人进行农业开发、高价收购农产品等，这使得沙特阿拉伯在20世纪80年代农作物种类和产品都有所增加，并成为小麦出口国。但是，农业的发展最终导致了沙特阿拉伯出现了淡水危机，水资源日益枯竭，这证明以高昂的淡水资源成本来发展农业的道路行不通。为此，沙特阿拉伯调整了思路，更注重通过在资源相对丰富的国家，如美国、阿根廷和泰国等进行农业投资来满足自身农产品的需求。

位于西亚北部的阿拉伯国家情况较好。伊拉克南部与阿拉伯半岛接壤，多为荒漠，气候炎热，不适合农业发展，中部和北部则四季分明，农业相对较发达，农耕区主要集中在底格里斯河和幼发拉底河两河之间的美索不达米亚平原，可耕地占国土总面积的27.6%，农业人口占总人口的1/3。[①]

叙利亚农业也较发达，农业在国民经济中占据重要位置，农业耕种面积为473.6万公顷，农业人口440万人。主要作物有小麦、大麦、玉米。叙利亚战前是地区产粮大国，年产小麦400万吨，出口150万吨。内战爆发后，叙利亚粮食产量骤跌，需要进口才能满足内需。2018年其小麦战略储备可供全国维持8个月。[②]

北非国家的大部分土地是荒漠，不适合农作物生长，只有尼罗河流经的埃及和苏丹的农业较发达。该地区的尼罗河流域可谓是黄金地段，尼罗河水养育了两岸的农业，在埃及形成了富饶的尼罗河三角洲。埃及农村人口占全国总人口的55%，农业从业人员约550万人，占全国劳动力总数的31%。[③]小麦是埃及第一大生产的谷物，但是埃及小麦进口量也非常大。为了弥补其间缺口，埃及采取各种措施，如增加灌溉设施和改良垄作法

[①] 杨建荣，孙京盟. 阿拉伯国家粮食安全问题探究 [J]. 西亚非洲，2009（11）：34.
[②][③] 外交部网. 国家概况，http://www.mfa.gov.cn/，2019-08.

等，最终使得埃及 2017 年的小麦产量比 1961 年增加了 5.8 倍。① 经过近几年的改革，埃及的农业生产实现了稳定增长。埃及也有一些农产品出口，2018 年埃及出口最多的农产品是柑橘和土豆，其中柑橘出口量达 170 万吨，土豆出口量 80 万吨，埃及在全球柑橘出口国排行榜中位列第二。同时埃及出口农产品还包括土豆、洋葱、草莓、豆类、辣椒、黄瓜、石榴、茄子、杧果、大蒜、番石榴和葡萄等。②

苏丹是非洲面积最大的国家，该国土地肥沃，颇适宜农作物生长，只因国家财力不足，对农业的投入有限，致使农业发展滞后。即便如此，苏丹的农业仍是该国经济的支柱产业，经济作物（主要是棉花、花生、芝麻和阿拉伯胶）出口仍占苏丹出口总值的 66%，农业人口占全国总人口的 80%，农业对整个国民经济的贡献率达 30%。拥有可耕地约 8400 万公顷，但实际耕作的土地只有约 1680 万公顷，大概占可耕地面积的 20%。③ 苏丹水源与其他缺水国家相比是充足的，流经苏丹的尼罗河可用水资源达 200 亿立方米，部分地区还有雨水和地下水资源。此外，由于国土面积大，各地区自然气候不同，苏丹北部是热带沙漠气候，南部是热带雨林气候，每年都有适合农耕的两季农作物，小麦在北方省份种植，棉花和花生在杰吉拉省种植，芝麻和其他油料作物在中部省份种植。因此，苏丹是一个很适合农业发展的阿拉伯国家。2011 年南苏丹独立出去之后，农业重新成为苏丹的主导产业，政府制定了经济改革方案以推动农业发展，这使得苏丹的农业生产机械化水平有所提高，而棉花、油料作物、动物类产品等在国际市场竞争力进一步提高。

此外，突尼斯的农业相对也较发达，2015 年实现粮食生产自给自足，并有盈余用于出口。另外，突尼斯是橄榄油主要生产国之一，橄榄油产量占世界橄榄油总产量的 4%~9%，是主要的出口创汇农产品。截至 2018 年 11 月底，橄榄油出口总量为 20 万吨。④

发展农业需要有安定的社会环境。可是中东地区长达半个多世纪的巴以冲突一直得不到彻底解决，和平进程屡屡受阻，长期战乱严重影响地区的安定和地区经济的持续发展，进而严重影响了有农业发展空间的国家的农业发展。苏丹、伊拉克、叙利亚和阿尔及利亚等国都面临这样的状况。需要指出的是叙利亚，近年来战火一直不断，农业生产基本停滞。伊拉克

---

① Kishk Abdelmageed. etl. Evolution of varieties and development of production technology in Egypt wheat: A review [J]. Journal of Integrative Agriculture, 2019, 18 (3): 483 – 495.
② 童彤. 埃及：柑橘为 2018 年出口最多的农产品 [J]. 中国果业信息, 2019 (1): 43.
③④ 外交部网. 国家概况, http://www.mfa.gov.cn/, 2019 – 08.

过去农业生产发达,粮食自给自足,但由于战争原因,农业生产受到极大的影响,由过去粮食出口国变成了粮食进口国。阿尔及利亚有可观的粮食种植面积,但它是世界粮食、奶、油、糖十大进口国之一,每年需进口粮食约 500 万吨。① 位于非洲东部的索马里常年战乱,民不聊生,世界粮食计划署每年都要提供大量经济援助,以保障当地百姓的基本生存条件,2017 年 8 月,世界粮食计划署将中国捐助索马里的 2800 余吨紧急粮食援助移交索马里政府。战争因素是导致阿拉伯国家农业不能快速发展的重要原因。②

2.2 阿拉伯国家农产品贸易基本状况

根据 2.1 节阿拉伯国家经济发展基本状况的分析可知,在 22 个阿拉伯国家中,各个国家的经济发展水平不一,因此,通过将阿拉伯国家划分为海湾六国、北非国家、其他阿拉伯国家(除去海湾六国和北非国家)来分析阿拉伯国家农产品贸易总量变化,能够更加准确地把握阿拉伯国家进出口规模、增速及分布状况。

2.2.1 阿拉伯国家农产品进出口规模和增长速度

阿拉伯国家联盟 22 个国家是世界上重要的农产品进口地区之一。2000 年,全世界农产品进口额为 4471 亿美元,阿拉伯国家达 151.9 亿美元,占世界总进口的 3.4%。之后,阿拉伯国家农产品进口额不断增长,2014 年达到历史最高,为 1108.6 亿美元,占世界总进口的 7.45%。总体来看,自 2000 年起,阿拉伯国家进口农产品呈不断增加趋势;2008 年增速达到 57.9%;2009 年由于金融危机,进口出现了负增长;2015 年至今,进口又出现了下降趋势;2016 年进口额下降到 860.2 亿美元,增速下降了 9.4%。

阿拉伯国家农产品出口额一直不高,2000 年约为 20.8 亿美元,2014 年出口额达到历史最高约 249.8 亿美元,但之后就出现下降,2016 年下降约为 233 亿美元,下降了 4.8%。如表 2-8 所示。

---

① 外交部网. 国家概况,http://www.mfa.gov.cn/,2019-08.
② 新华网,http://www.xinhuanet.com//world/2017-08/03/c_129671248.htm.

表2-8　　　　　2000～2016年阿拉伯国家农产品进出口状况

年份	进口额（亿美元）	出口额（亿美元）	进出口额（亿美元）	进口（%）	出口（%）	进出口（%）
2000	151.9372	20.79606	172.7333	23.5	96.6	29.3
2001	173.9331	38.06637	211.9995	14.5	83.0	22.7
2002	219.5809	80.09009	299.671	26.2	110.4	41.4
2003	237.1747	80.98986	318.1645	8.0	1.1	6.2
2004	299.8934	95.8256	395.719	26.4	18.3	24.4
2005	299.7963	84.33853	384.1349	0.0	-12.0	-2.9
2006	347.5119	100.4965	448.0084	15.9	19.2	16.6
2007	471.4282	122.6665	594.0947	35.7	22.1	32.6
2008	744.6204	186.6552	931.2756	57.9	52.2	56.8
2009	609.959	193.1966	803.1556	-18.1	3.5	-13.8
2010	759.5818	209.0411	968.6229	24.5	8.2	20.6
2011	871.9346	213.0569	1084.992	14.8	1.9	12.0
2012	913.8181	223.9131	1137.731	4.8	5.1	4.9
2013	970.9205	243.3217	1214.242	6.2	8.7	6.7
2014	1108.607	249.7877	1358.395	14.2	2.7	11.9
2015	949.623	244.74	1194.363	-14.3	-2.0	-12.1
2016	860.1961	233.0405	1093.237	-9.4	-4.8	-8.5

注：由于2017年个别国家如沙特阿拉伯数据缺失，因此，数据截至2016年。
资料来源：根据联合国统计署贸易数据库（COMTRADE）数据整理。

2.2.2　海湾六国农产品进出口规模和增速

海湾六国所在地区无论是从经济还是从战略上讲都有其独特而重要的意义，它蕴藏着丰富的石油资源，有"世界油库"之称。[①] 海湾六国国家政治、经济体制也基本相似，各国王室联系也非常紧密，在政治、经济、外交、军事等方面都存在着共同的利益，这也构成了海湾合作委员会各国

---

① 阳光. 中国与海湾国家的战略性经贸互利关系［J］. 国际经济评论, 2014 (3): 103.

坚实的共存基础。①

海湾六国所在地区具有独特的自然地理条件，这里地形多为沙漠和山地，土地贫瘠，人口稀少，虽能源资源丰富，但农业发展长期处于滞后状态。② 因此，海湾六国农产品比较匮乏，对于农产品的需求较大，进口比重较高，为其他国家农产品提供了较大的出口市场。

如表 2-9 所示，海湾六国农产品的进出口贸易增长较快，2000~2016 年海湾国家农产品进出口贸易总额从 108.0973 亿美元扩大到 582.0242 亿美元。2009 年由于受到 2008 年爆发的国际金融危机的影响，海湾六国农产品进出口额由 2008 年的 411.4491 亿美元下降到 325.2733 亿美元，比上年增长 -20.9%。2008 年海湾六国农产品进出口总额比上年增长 40.6%，创历史最高纪录；海湾六国从世界进口农产品 362.2732 亿美元，比上年增长 41.4%；对世界出口农产品 49.17586 亿美元，比上年增长 34.8%。到 2014 年，海湾六国农产品进出口总额达 688.0735 亿美元，比上年增长 7.159%；从世界进口农产品 585.459 亿美元，比上年增长 7.3%；对世界出口农产品 102.6145 亿美元，比上年增长 3.8%。2015 年由于世界经济增长放缓，从而影响了海湾六国农产品贸易，海湾六国农产品进出口额开始下降，到 2016 年则进一步下降。

表 2-9　　　　　　2000~2016 年海湾国家农产品进出口状况

| 年份 | 进口额（亿美元） | 出口额（亿美元） | 进出口额（亿美元） | 比上年增长百分比 |||
				进口（%）	出口（%）	进出口（%）
2000	98.03469	10.06258	108.0973	26.8	55.8	29.1
2001	94.12828	12.57608	106.7044	-4.0	25.0	-1.3
2002	109.6548	14.55186	124.2067	16.5	15.7	16.4
2003	115.6413	13.79756	129.4389	5.5	-5.2	4.2
2004	136.644	19.6946	156.3386	18.2	42.7	20.8
2005	166.1831	25.8995	192.0826	21.6	31.5	22.9
2006	207.6151	29.0069	236.6221	24.9	12.0	23.2
2007	256.2421	36.46889	292.711	23.4	25.7	23.7

---

①② 艾哈迈德·沙里门. 海湾阿拉伯国家之间的经济合作和发展问题研究 [D]. 长春：吉林大学，2011：21.

续表

年份	进口额（亿美元）	出口额（亿美元）	进出口额（亿美元）	比上年增长百分比 进口（%）	比上年增长百分比 出口（%）	比上年增长百分比 进出口（%）
2008	362.2732	49.17586	411.4491	41.4	34.8	40.6
2009	271.7855	53.48775	325.2733	-25.0	8.8	-20.9
2010	371.7044	62.8013	434.5057	36.8	17.4	33.6
2011	420.6274	75.27638	495.9038	13.2	19.9	14.1
2012	441.9315	83.71536	525.6469	5.1	11.2	6.0
2013	542.2078	98.81472	641.0225	22.7	18.0	21.9
2014	585.459	102.6145	688.0735	8.0	3.8	7.3
2015	534.6579	92.22217	626.8801	-8.7	-10.1	-8.9
2016	490.0707	91.9535	582.0242	-8.3	-0.3	-7.2

资料来源：根据联合国统计署贸易数据库（COMTRADE）数据整理。

2.2.3 北非国家农产品进出口规模和增速

北非包括埃及、苏丹、利比亚、阿尔及利亚、摩洛哥和突尼斯6个阿拉伯国家。北非农业主要分布在有水资源的地中海沿岸和尼罗河沿岸及河口三角洲地区，以种植棉花、小麦等作物为主，但许多国家也并不能满足自身的农产品需求，多依赖进口。

如表2-10所示，2000~2014年北非国家农产品进出口贸易总额从38.64462亿美元扩大到464.2069亿美元。2008年北非国家进口农产品为267.3808亿美元，比上年增长113.6%；对世界出口农产品为85.2716亿美元，比上年增长89.9%；进出口额达352.6524亿美元，比上年增长107.3%。由于受到2008年爆发的国际金融危机的影响，2009年北非国家农产品进出口额由2008年的352.652亿美元下降到306.6646亿美元，比上年下降13.0%。从2015年起，北非国家农产品进口额出现下降，从2016年起，北非国家农产品出口额出现下降。其中，2017年北非国家农产品进口额为230.2322亿美元，比上年下降16.9%；出口额下降到52.11066亿美元，下降了54.2%；进出口总额相比去年同期下降了27.8%。

表2-10　　　2000~2017年北非国家与世界农产品进出口状况

年份	进口额（亿美元）	出口额（亿美元）	进出口额（亿美元）	进口增速（%）	出口增速（%）	进出口增速（%）
2000	33.11998	5.524641	38.64462	30.7	1874.7	50.9
2001	34.27734	5.695628	39.97297	3.5	3.1	3.4
2002	57.36956	22.83285	80.20242	67.4	300.9	100.6
2003	56.44972	26.06809	82.51781	-1.6	14.2	2.9
2004	71.95188	31.5573	103.5092	27.5	21.1	25.4
2005	74.09215	36.91298	111.0051	3.0	17.0	7.2
2006	76.85916	40.58808	117.4472	3.7	10.0	5.8
2007	125.1815	44.91032	170.0918	62.9	10.6	44.8
2008	267.3808	85.2716	352.6524	113.6	89.9	107.3
2009	213.7935	92.87114	306.6646	-20.0	8.9	-13.0
2010	255.2388	99.42907	354.6679	19.4	7.1	15.7
2011	342.9588	110.3502	453.3091	34.4	11.0	27.8
2012	349.557	109.9818	459.5388	1.9	-0.3	1.4
2013	301.125	112.6479	413.7729	-13.9	2.4	-10.0
2014	352.6985	111.5084	464.2069	17.1	-1.0	12.2
2015	330.9514	132.5359	463.4873	-6.2	18.9	-0.2
2016	277.0606	113.7761	390.8367	-16.3	-14.2	-15.7
2017	230.2322	52.11066	282.3429	-16.9	-54.2	-27.8

资料来源：根据联合国统计署贸易数据库（COMTRADE）数据整理。

2.2.4　其他阿拉伯国家农产品进出口规模和增速

其他阿拉伯国家是除去海湾六国和北非国家，主要包括巴勒斯坦、吉布提、黎巴嫩、毛里塔尼亚、索马里、叙利亚、也门、伊拉克、约旦和科摩罗。[①]

如表2-11所示，2000~2014年其他阿拉伯国家农产品进出口总额从

---

① 巴勒斯坦数据缺失。

25.99139 亿美元扩大到 190.681 亿美元，2014 年进出口额为历史最高。从进口来看，2000 年，进口额仅为 20.78254 亿美元，2014 年达到 156.4726 亿美元，是 2000 年的大约 7 倍多，比上年增长 36.6%。但是，这些国家进口额从 2015 年开始下降，到 2016 年下降到 77.7 亿美元，下降幅度比较大。从出口来看，2000 年其他阿拉伯国家农产品出口仅为 5.208841 亿美元，之后呈现增长趋势，2008 年达到历史最高点，出口额为 51.66928 亿美元。但之后出口额一直呈下降趋势，2016 年出口额仅为 24.7 亿美元。从增长速度来看，2001 年增速最高，达到 280.0%，但之后增速不甚稳定，波动比较大。

表 2 – 11　2000 ~ 2016 年其他阿拉伯国家与世界农产品进出口状况

年份	进口额（亿美元）	出口额（亿美元）	进出口额（亿美元）	进口（%）	出口（%）	进出口（%）
2000	20.78254	5.208841	25.99139	1.8	35.7	7.1
2001	45.52749	19.79465	65.32215	119.1	280.0	151.3
2002	52.55657	42.70537	95.26194	15.4	115.7	45.8
2003	65.08367	41.12421	106.2079	23.8	-3.7	11.5
2004	91.29762	44.5737	135.8713	40.3	8.4	27.9
2005	59.52105	21.52606	81.04711	-34.8	-51.7	-40.4
2006	63.03762	30.90148	93.9391	5.9	43.6	15.9
2007	83.70547	40.72832	124.4338	32.8	31.8	32.5
2008	108.3464	51.66928	160.0156	29.4	26.9	28.6
2009	116.6237	46.33732	162.961	7.6	-10.3	1.8
2010	123.6308	46.1234	169.7542	6.0	-0.5	4.2
2011	97.78334	26.76356	124.5469	-20.9	-42.0	-26.6
2012	111.0212	29.13724	140.1585	13.5	8.9	12.5
2013	114.5747	30.31932	144.894	3.2	4.1	3.4
2014	156.4726	34.20834	190.681	36.6	12.8	31.6
2015	69.65089	17.34589	86.99677	-55.5	-49.3	-54.4
2016	77.75886	24.70856	102.4674	11.6	42.4	17.8

注：由于部分国家 2017 年数据缺失，数据截至 2016 年。
资料来源：根据联合国统计署贸易数据库（COMTRADE）数据整理。

2.3 阿拉伯国家农产品进出口结构

2.3.1 阿拉伯国家农产品的进出口结构

2.3.1.1 阿拉伯国家农产品进口结构

根据前文分析，阿拉伯大部分国家粮食不能完全自给，农产品和食品都比较缺乏，都需要大量进口。具体来看，阿拉伯国家进口农产品的产品结构如图2-1所示，2000~2015年阿拉伯国家进口的农产品主要集中在第10类谷物，其比例一直维持在23%上下，阿拉伯国家进口农产品占比排在第二位、第三位的依次是第4类乳品、蛋品、天然蜂蜜及其他食用动物产品和第2类肉及食用杂碎，占比分别为10%和7%左右，阿拉伯国家进口农产品占比排在第四位的是第15类动、植物油，脂及其分解产品，精制的食用油脂，动、植物蜡和第17类糖及糖食，这两类产品一直占据着阿拉伯国家农产品进口约为6%以上。从动态变化看，2000~2015年，阿拉伯国家进口农产品的产品结构比较稳定。

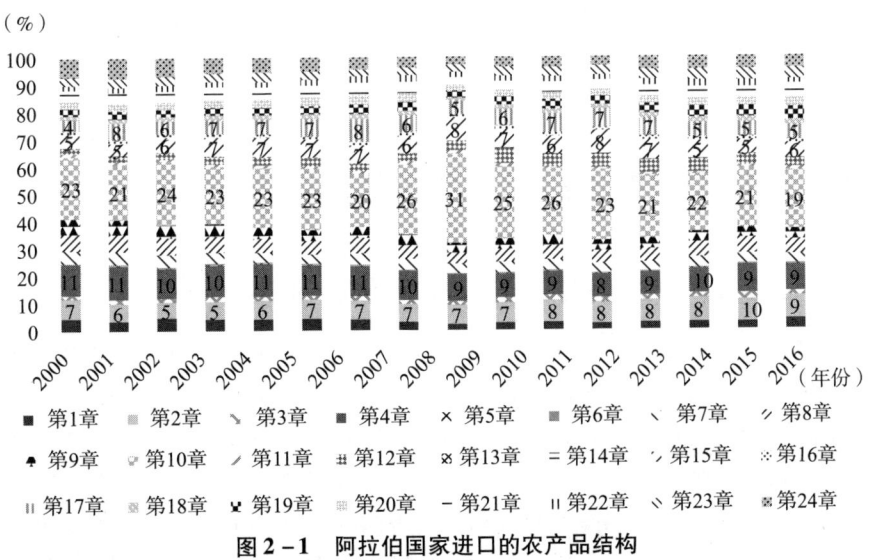

图 2-1　阿拉伯国家进口的农产品结构

资料来源：根据联合国统计署贸易数据库（COMTRADE）数据整理（HS1）。

2.3.1.2 阿拉伯国家农产品出口结构

2000年阿拉伯国家出口最多的产品是第15类产品，即动植物油、脂及其分解产品；精制的食用油脂；动植物蜡，出口额为3.79亿美元，占全部出口的20.1%。第二位出口产品是第3类产品，即鱼；甲壳动物；软体动物及其他水生无脊椎动物，出口额为2.98亿美元，占全部出口的15.8%。第三位出口产品是第4类产品，乳品、蛋品；天然蜂蜜；其他食用动物产品，出口额为2.04亿美元，占比为10.8%。之后依次是第8类、第7类、第11类和第22类产品，食用水果及坚果；甜瓜或柑橘属水果的果皮，食用蔬菜、根及块茎，制粉工业产品；麦芽；淀粉；菊粉；面筋和食品工业的残渣及废料；配制的动物饲料。

2016年阿拉伯国家出口最多的产品是第8类，食用水果和坚果等，出口额28.82亿美元，占比为12.37%；出口额位列第二的是第7类产品，食用蔬菜等，出口额为25.73亿美元，占比为11.04%。后面依次为第4类、第3类、第17类和第20类产品，即乳品、蛋品；天然蜂蜜；鱼；甲壳动物；软体动物及其他水生无脊椎动物，糖及糖食、蔬菜、水果、坚果或植物其他部分的制品，出口额依次为24.52亿美元、23.19亿美元、18.96亿美元和16.01亿美元，占比分别为10.52%、9.95%、8.13%和6.87%，这几类产品的出口比重超过了70%。

由以上数据可以看出，阿拉伯国家出口的优势农产品是水果、坚果、乳制品、蛋、蔬菜等植物源性产品，此外在水产品上它们也具有一定的出口能力。

2.3.2 阿拉伯国家农产品贸易的地理分布

2.3.2.1 阿拉伯国家农产品进口地理分布

随着阿拉伯国家人口的增加和经济发展水平的提高，对农产品的需求增长较快，同时阿拉伯国家进口农产品的主要来源国结构相对稳定，各主要来源国的进口地位在较长一段时间内并没有太大变化。从表2-12可以看出，阿拉伯国家进口农产品的主要来源国是美国、巴西、印度、法国、阿根廷、德国、英国、澳大利亚和荷兰等国家，这些国家的基本特点就是农业资源禀赋条件较好，或者资本存量较高，农业劳动生产率较高。美国

第2章 阿拉伯国家农产品进出口贸易的现状、结构及特征 47

表2-12 阿拉伯国家农产品进口主要来源国进口额及排名

排名	2000年 国家	进口额（亿美元）	比重（%）	2001年 国家	进口额（亿美元）	比重（%）	2002年 国家	进口额（亿美元）	比重（%）	2003年 国家	进口额（亿美元）	比重（%）
1	美国	18.33	12.1	美国	18.59	10.7	美国	24.35	11.1	美国	22.57	9.5
2	法国	14.04	9.2	法国	14.01	8.1	法国	14.99	6.8	法国	18.97	8.0
3	印度	8.81	5.8	巴西	8.27	5.6	巴西	12.97	5.9	阿根廷	13.47	5.7
4	德国	8.66	5.7	印度	8.21	4.8	阿根廷	10.07	4.6	巴西	13.36	5.6
5	荷兰	7.57	5.0	阿根廷	7.85	4.7	印度	9.54	4.3	印度	10.92	4.6
6	澳大利亚	6.46	4.3	澳大利亚	7.72	4.5	澳大利亚	9.24	4.2	荷兰	9.15	3.9
7	巴西	5.45	3.6	荷兰	7.65	4.4	荷兰	8.57	3.9	德国	7.85	3.3
8	英国	4.54	3.0	德国	7.28	4.4	德国	6.98	3.2	澳大利亚	6.78	2.9
9	加拿大	4.30	2.8	土耳其	5.32	4.2	加拿大	5.39	2.5	英国	5.33	2.2
10	阿根廷	3.56	2.3	英国	4.06	3.1	西班牙	5.18	2.4	西班牙	5.13	2.2

排名	2008年 国家	进口额（亿美元）	比重（%）	2009年 国家	进口额（亿美元）	比重（%）	2010年 国家	进口额（亿美元）	比重（%）	2011年 国家	进口额（亿美元）	比重（%）
1	美国	64.87	8.7	巴西	59.11	9.7	巴西	76.15	10.0	巴西	93.51	10.7
2	巴西	60.59	8.1	美国	50.68	8.3	美国	66.17	8.7	美国	80.34	9.2
3	印度	58.63	7.9	法国	40.72	6.7	法国	52.80	7.0	法国	69.07	7.9

续表

排名	2008年 国家	进口额（亿美元）	比重(%)	2009年 国家	进口额（亿美元）	比重(%)	2010年 国家	进口额（亿美元）	比重(%)	2011年 国家	进口额（亿美元）	比重(%)
4	法国	50.54	6.8	印度	39.95	6.6	印度	48.68	6.4	阿根廷	55.48	6.4
5	阿根廷	44.47	6.0	阿根廷	25.40	4.2	阿根廷	37.37	4.9	印度	54.41	6.2
6	澳大利亚	28.11	3.8	乌克兰	23.46	3.8	乌克兰	25.44	3.3	澳大利亚	31.44	3.6
7	乌克兰	24.84	3.3	俄罗斯	19.92	3.3	澳大利亚	25.26	3.3	荷兰	24.11	2.8
8	德国	21.73	2.9	澳大利亚	19.29	3.2	德国	23.09	3.0	乌克兰	23.78	2.7
9	加拿大	20.63	2.8	荷兰	17.91	2.9	荷兰	21.19	2.8	俄罗斯	23.53	2.7
10	荷兰	19.52	2.6	德国	17.51	2.9	新俄罗斯	16.01	2.1	德国	23.05	2.6

排名	2014年 国家	进口额（亿美元）	比重(%)	2015年 国家	进口额（亿美元）	比重(%)	2016年 国家	进口额（亿美元）	比重(%)	2017年 国家	进口额（亿美元）	比重(%)
1	巴西	96.06	8.7	巴西	82.92	8.7	巴西	69.64	8.1	巴西	38.00	11.7
2	印度	79.76	7.2	印度	70.52	7.4	印度	56.77	6.6	阿根廷	33.23	10.2
3	美国	72.27	6.5	美国	56.76	6.0	美国	50.94	5.9	俄罗斯	22.80	7.0
4	法国	66.21	6.0	法国	49.12	5.2	法国	44.60	5.2	美国	19.74	6.1
5	阿根廷	59.52	5.4	阿根廷	43.51	4.6	阿根廷	41.69	4.8	乌克兰	18.43	5.7
6	澳大利亚	38.09	3.4	德国	37.57	4.0	德国	27.40	3.2	法国	17.67	5.4

续表

排名	2014年 国家	2014年 进口额(亿美元)	2014年 比重(%)	2015年 国家	2015年 进口额(亿美元)	2015年 比重(%)	2016年 国家	2016年 进口额(亿美元)	2016年 比重(%)	2017年 国家	2017年 进口额(亿美元)	2017年 比重(%)
7	乌克兰	36.63	3.3	俄罗斯	30.26	3.2	乌克兰	25.72	3.0	印度	13.72	4.2
8	德国	34.40	3.1	澳大利亚	29.72	3.1	荷兰	23.79	2.8	印度尼西亚	10.56	3.3
9	荷兰	31.68	2.9	乌克兰	26.89	2.8	土耳其	23.03	2.7	荷兰	9.60	3.0
10	俄罗斯	31.10	2.8	荷兰	25.64	2.7	澳大利亚	21.69	2.5	新西兰	8.73	2.7

资料来源：根据联合国统计署贸易数据库（COMTRADE）数据整理（HS1）。

作为传统的农业大国，2000~2008年出口到阿拉伯国家的农产品占该地区进口农产品的比重一直最大，位居第一。阿拉伯国家从美国进口的农产品总额由2000年的18.33亿美元增加到2011年的80.34亿美元，达到历史最高值。2009年后，美国被巴西所取代，阿拉伯国家从巴西进口农产品由2000年的5.45亿美元增加到2014年的96.06亿美元，达到历史最高。2015年之后，阿拉伯国家从巴西进口农产品的总额出现了下降，但巴西仍是阿拉伯国家进口农产品的第一大来源国，所占比重一直在10%左右波动。总体来看，阿拉伯国家主要从美洲、欧洲地区进口农产品。土耳其和乌克兰近年来在阿拉伯国家进口中所占地位也在上升。印度也是阿拉伯国家农产品进口的重要来源国，近年来，印度尼西亚对阿拉伯国家的出口不断在增加。

2.3.2.2 阿拉伯国家农产品出口地理分布

2000年阿拉伯国家农产品出口主要目的地是意大利、伊朗、西班牙、法国、日本和美国等，出口额分别为2.08亿美元、1.30亿美元、1.07亿美元、0.7亿美元和0.5亿美元。阿拉伯国家向阿盟内其他成员国出口也相对较多，如向阿联酋出口2.62亿美元，向科威特出口1.55亿美元，向伊拉克和沙特阿拉伯分别出口1.2亿美元和1.11亿美元。

2016年阿拉伯国家出口农产品为233.04亿美元，出口目的地前10位分别是：西班牙、法国、意大利、荷兰、俄罗斯、美国、越南、英国、土耳其和日本。其中，向西班牙出口额为14.65亿美元，向法国出口额为11.82亿美元，向意大利出口额为7.66亿美元。阿盟向其内部成员出口额较多的依次是沙特阿拉伯、阿联酋、科威特、阿曼、伊拉克、卡塔尔等。向阿盟成员沙特阿拉伯、阿联酋、科威特、阿曼、伊拉克、卡塔尔六国的出口就达到80.56亿美元，占总出口的34.57%。

2.4 阿拉伯国家农产品进口的特征

2.4.1 阿拉伯国家进口农产品数额较大，是世界主要农产品进口市场

前已述及，阿拉伯国家因为各种原因进口的农产品数额较大，2000年

达到151.9372亿美元,占世界总进口的3.40%。之后这一比重不断增加,2014年占世界总进口比重达到历史最高,为7.45%。但是之后就有所下降,2016年达到了6.36%,排名世界前10位。因此,可以说阿拉伯国家联盟是世界主要农产品进口地区,该市场进口需求巨大。如表2-13所示。

表2-13　　2000~2017年阿拉伯国家农产品进口额及占世界总进口比重

年份	进口额(亿美元)	占世界总进口比重(%)
2000	151.9372	3.40
2001	173.9331	3.75
2002	219.5809	4.37
2003	237.1747	4.06
2004	299.8934	4.48
2005	299.7963	4.18
2006	347.5119	4.40
2007	471.4282	4.96
2008	744.6204	6.42
2009	609.959	5.94
2010	759.5818	6.60
2011	871.9346	6.22
2012	913.8181	6.59
2013	970.9205	6.71
2014	1108.607	7.45
2015	949.623	7.03
2016	860.1961	6.36

资料来源:根据联合国统计署贸易数据库(COMTRADE)数据整理(HS1)。

2.4.2　阿拉伯国家对谷物进口需求较大,进口依赖程度较高

肖洋(2017)认为,阿拉伯国家的农业生产受到灌溉水资源稀缺、耕地荒漠化以及相关公共政策缺失等制约,导致粮食产量日趋下滑,而阿拉伯国家人口剧增、高贫困率、低效社会管理政策的影响导致巨大的粮食需

求,粮食短缺日益严峻。同时他认为,阿拉伯国家产业结构低度化与空心化是导致粮食危机的经济根源,阿拉伯国家的粮食安全形势非常严峻,对非产油国和海湾国家影响巨大,粮价上涨导致的食品危机是推动阿拉伯国家社会动荡的重要因素。[①] 也就是说一方面阿拉伯国家自身粮食产出水平较低,自给率不高,需要大量进口;另一方面,又由于作为初级产品的谷物价格的不断上升,导致进口成本不断推高,也使得在阿拉伯国家进口农产品中谷物等粮食作物占了很大比重。从前文分析来看,谷物进口一直是所有进口农产品中占比最大的,2016年甚至占全部农产品进口的17.09%。这说明阿拉伯国家对进口谷物依赖性非常高,而谷物价格的波动也将直接影响其进口成本。这种局势从长期看如果得不到改善,对各进口国而言存在潜在风险。

2.4.3 阿拉伯国家进口农产品的进口来源国比较集中

从阿拉伯国家进口农产品的地理分布可以看出,阿拉伯国家进口农产品的主要国家是美国、巴西、法国、印度等国家,贸易规模虽有波动但整体呈现扩大趋势。总体来看,阿拉伯国家农产品贸易伙伴国也大多是农产品生产大国,经济相对较发达,农产品生产实力较强。尤其是近年来印度、印度尼西亚、土耳其和乌克兰这些发展中国家对阿拉伯国家的出口不断在增加,这表明了阿拉伯国家进口来源更加多元化。

2.4.4 阿拉伯国家中海合会成员国为最重要进口国家

从表2-14中可以清楚地看到,在阿拉伯联盟22个国家中,区域经济一体化组织程度最高的海合会国家是最重要的农产品进口国家,在2000年其进口甚至达到阿拉伯国家全部进口的64.5%。虽然2000年之后海合会国家的进口比重有所下降,但是,最低也达到了44%,近几年都在50%以上。从具体国家来看,沙特阿拉伯无疑是最大的进口国,2000年其进口占阿拉伯国家总进口的28.7%,2016年占到总进口的近1/5。阿联酋也是重要的进口国,其进口所占比重一直在13%~19%之间。

[①] 肖洋."一带一路"框架下阿拉伯国家的粮食危机[J].阿拉伯世界研究,2015(7):46.

表 2-14　　　海湾国家农产品进口占阿拉伯国家总进口比重

年份	阿拉伯国家进口额（亿美元）	海湾国家进口额（亿美元）	比重（%）	沙特阿拉伯进口额（亿美元）	比重（%）	阿联酋进口额（亿美元）	比重（%）
2000	151.94	98.03	64.5	43.53	28.7	28.64	18.9
2001	173.93	94.13	54.1	42.25	24.3	32.02	18.4
2002	219.58	109.65	49.9	45.19	20.6	35.09	16.0
2003	237.17	115.64	48.8	62.75	26.5	40.44	17.1
2004	299.89	136.64	45.6	67.39	22.5	44.57	14.9
2005	299.80	166.18	55.4	66.77	22.3	52.98	17.7
2006	347.51	207.62	59.7	73.02	21.0	65.16	18.8
2007	471.43	256.24	54.4	94.72	20.1	78.12	16.6
2008	744.62	362.27	48.7	125.51	16.9	102.52	13.8
2009	609.96	271.79	44.6	114.29	18.7	101.08	16.6
2010	759.58	371.70	48.9	132.25	17.4	124.99	16.5
2011	871.93	420.63	48.2	167.16	19.2	150.63	17.3
2012	913.82	441.93	48.4	170.75	18.7	143.36	15.7
2013	970.92	542.21	55.8	190.62	19.6	163.76	16.9
2014	1108.61	585.46	52.8	187.21	16.9	169.67	15.3
2015	949.62	534.66	56.3	193.91	20.4	161.69	17.0
2016	860.20	490.07	57.0	170.24	19.8	160.84	18.7

资料来源：根据联合国统计署贸易数据库（COMTRADE）数据整理（HS1）。

第 3 章

中国与阿拉伯国家农产品贸易关系

3.1 中国与阿拉伯国家农产品贸易发展历程

中国与阿拉伯国家间的贸易传统由来已久。阿拉伯国家作为发展中国家重要的组成部分，日益在世界经济与政治事务中发挥着积极作用。同样作为发展中国家，中国和阿拉伯国家在很多领域中存在着共同利益。早在2000多年前，中国与阿拉伯国家就通过古代丝绸之路互通往来，进行香料和丝绸等产品的贸易和文化交流。进入21世纪以来，中国与阿拉伯国家农产品贸易合作的途径不断扩大，合作方式不断增多，合作领域也逐渐得到拓宽。近年来，中国和阿拉伯国家在农业合作领域建立了良好关系，农产品贸易品种日渐丰富，农业技术合作稳步进行，人力资源合作不断加强。目前，阿拉伯国家已成为中国第七大贸易伙伴，中国成为阿拉伯国家第二大贸易伙伴。而中国与阿拉伯国家的农产品贸易关系，大致可归纳为以下几个阶段。

3.1.1 新中国成立以前

中国与阿拉伯国家都是拥有悠久历史的文明古国，早在唐朝开始，中国便已经和部分阿拉伯国家建立了友好贸易联系。古丝绸之路的历史可以追溯到2000多年前汉武帝派张骞出使西域。丝绸之路东起长安（今西安），经河西走廊、玉门关和阳关，最后通过新疆到达中亚、西亚和北非等地区。随着中国与阿拉伯国家往来的不断频繁，古丝绸之路也从最初运输中国丝绸和阿拉伯香料及特色农产品的通道一跃发展成中西方经济、文化和政治交流的主干道。紧接着,海上丝绸之路也成功开辟。海上丝绸之路从广州、泉州、扬州、杭州出发,经马六甲海峡,到达霍尔木兹海峡,向北沿幼发拉底河北上,到达巴士拉和巴格达,向西延伸至阿曼,到亚丁,再沿红海北上至埃及和叙利亚等地区。伴随着"丝绸之路"和"古代海上丝绸之路"的出现,部分阿拉伯人到达中国的广东和西北等地区,展开了早期的中阿农产品贸易。随着中国与阿拉伯国家在政治、交通和文化领域的交流越来越深入,中国与阿拉伯国家间的农产品贸易关系也越来越密切。公元651年,伊斯兰教传入中国,随着伊斯兰教的传播,部分地区建立了代表阿拉伯文化的清真寺,阿拉伯的饮食习惯、艺术、建筑等也随之传入中国,为中阿间的农产品贸易往来提供了更大的空间。[①]

1405~1433年,郑和率200余艘船只七次下西洋,最远到达西亚北非,到达亚丁、麦加等地区。郑和船队通过建立友好外交和通商贸易关系的手段,为中阿友好交往打下了良好的基础,使中阿贸易进入新时期。

清朝后期由于闭关锁国的政策,中国与阿拉伯间的农产品贸易进入寒冬期,但随着清王朝的颠覆和中华民国的建立,中阿农产品贸易又逐渐回暖。

3.1.2 新中国成立初期至改革开放

1949年新中国成立到改革开放以来,中国和阿拉伯国家之间的关系进入了一个全新的时期。在20世纪50年代初,许多阿拉伯国家对新中国缺乏了解,很少有国家与新中国建立外交关系。1955年万隆会议的召开,掀起了第一次中阿建交热潮,万隆会议后中国与埃及于1956年5月30日建交,开创了中国同阿拉伯国家建立友好外交的新篇章。此后截至1965年,中国先后同叙利亚、也门、伊拉克、摩洛哥、阿尔及利亚、苏丹、索马里、突尼斯和毛里塔尼亚9个阿拉伯国家建立了外交和经济贸易关系,到1978年,中国已与17个阿拉伯国家建交。中阿经贸合作就此逐步开始,农产品贸易也随之逐步开展。

20世纪70年代以来,中阿之间的经贸关系伴随中国恢复联合国合法席位之后取得了全新的发展。1971~1978年,中国先后同科威特、黎巴嫩、科摩罗、约旦、阿曼和利比亚6个阿拉伯国家建立了外交关系。中阿

---

① 张敏. 地理学视角下中国与阿拉伯国家合作发展研究 [D]. 西安:陕西师范大学, 2015: 11.

间的贸易流量从1969年的1.51亿美元左右增加到1979年的11.87亿美元左右,① 贸易额增长了6倍以上,农产品贸易额也得到了大幅增长,但中阿彼此间农产品贸易的商品比较单一,规模较小,整体状况不甚乐观。

3.1.3 20世纪80年代~21世纪初

1978年中国进入改革开放以后,实行了具有中国特色的社会主义市场经济,随着中阿间能源贸易的逐渐活跃,中阿间农产品贸易也得到了不断发展。同时,改革开放掀起了中阿建交的第三次高潮。1979~1990年,中国分别同吉布提、阿拉伯联合酋长国、卡塔尔、巴勒斯坦、巴林、沙特阿拉伯6个阿拉伯国家建立了外交关系,同时,中国分别与8个和11个阿拉伯国家签订了经贸协定和投资保护协定。② 使中阿间的合作关系迈上了新的台阶,为中阿后续合作发展奠定了良好根基。

随着改革开放后中国开始重视发展经济,国内经济和国际贸易发展迅速,此时阿拉伯国家也在不断对本国贸易结构进行调整。但这一时期阿拉伯国家面临安全局势不稳等众多客观不利因素的影响,主要出口产品如石油的价格不断下跌,国内经济发展停滞不前。但即使在这种背景下,中阿间的农产品贸易往来仍呈上升的趋势。

1996年中国从阿拉伯国家进口农产品227.13万美元,中国对阿拉伯国家农产品出口额为4477.7万美元。截至2000年,中国从阿拉伯国家进口农产品贸易额为416.7万美元,中国对阿拉伯国家农产品出口额为1.8亿美元。1996~2000年5年间中国对阿拉伯国家农产品出口额涨幅超4倍,同时进口额也呈现大幅上升的趋势,涨幅为83.4%。③ 说明在20世纪后期,中阿农产品贸易关系在国际环境不佳的背景下仍表现出贸易额大幅上升且贸易关系更加亲密的特征,成为21世纪初中阿农产品贸易飞速发展时期的良好开端。

3.1.4 21世纪至今

中国与阿拉伯国家经贸的友好发展,得益于双方的贸易互补性强。阿

---

① 张双双. "一带一路"背景下中国对阿拉伯国家出口潜力的实证研究 [D]. 济南:山东财经大学, 2015:12.
② 李明丽. 中国与阿拉伯国家贸易发展影响因素研究 [D]. 银川:宁夏大学, 2014:15.
③ 根据联合国国际贸易数据库数据整理,以阿拉伯国家作为报告国的数据。若无特殊说明,本书数据均来自联合国贸易数据库。

拉伯国家农业生产条件较差，经济结构单一，生活资料和农产品大多依赖进口，但仍有部分具有区域特色的优质农产品被中国市场青睐。而中国作为农业大国，正好能满足阿拉伯国家生产生活资料和农产品方面的进口需求，双方农产品贸易具有较强的互补性。近年来阿拉伯国家实施的"向东看"战略，中国也提出了"走出去"战略、"向西开放"发展战略以及"一带一路"建设，恰好为中国和阿拉伯国家间农产品贸易发展提供了新的发展机遇。

2001年12月29日成立中国阿拉伯友好协会、2002年设立中东问题特使以帮助中东解决困扰其半个多世纪的冲突问题、2004年中阿合作论坛成立、2013年"一带一路"倡议的提出，这些措施都起到了促进中阿经贸发展的作用。① 其中"一带一路"建设极大地促进了中国与阿拉伯国家贸易发展，为中阿之间各方面的合作提供了新的保障。中阿在农产品贸易方面利用自身具有比较优势的商品相互进行互补性贸易，不断地拓宽彼此合作的空间，中阿农产品贸易模式也更加多元化，同时双方在药材、牛羊肉及可食用蔬菜等多个领域展开了新的合作。

自2001年起，中阿农产品贸易进入一个快速上升时期。2004年双方的农产品经贸合作进入了快车道，实现了跨越式发展，双方关系则更加密切，合作领域逐渐扩大。2004年，中阿合作论坛成立时中阿贸易额为367.1亿美元，其中农产品贸易额为7.07亿美元，占中阿贸易总额的1.92%。接下来的几年，中阿的双边贸易额以较快的速度递增，2008年由于受到金融危机的影响，使得2009年的贸易额有所下滑，但下滑幅度较小且仍保持较高水平。进入2010年，中阿贸易恢复了较高速增长。但在2011年和2012年，一些阿拉伯国家局势不稳，中阿农产品贸易也受到了一定的影响，贸易额出现了下滑。截至2016年，中阿农产品贸易总额达到24.13亿美元，相比2001年4.17亿美元的贸易总额，贸易总额上涨超过5倍。2017年则进一步增长到27.44亿美元。2001~2015年年均增长35.87%。2007年进出口增幅最大，达到29.6%，但是自2014年起，中阿农产品贸易增速出现下降，为-4.3%；2016年也是负增长，为-3.9%。如表3-1所示。总体来看，中国在双边农产品贸易中一直处于顺差地位，且顺差额在不断增加。

---

① 李明丽. 中国与阿拉伯国家贸易发展影响因素研究 [D]. 银川：宁夏大学，2014：16.

表3-1　　2001～2017年中国与阿拉伯国家农产品进出口贸易额

年份	对世界农产品出口额（亿美元）	对阿拉伯国家农产品出口额（亿美元）	对阿拉伯国家农产品出口比重（%）	自阿拉伯国家农产品进口额（亿美元）	对阿拉伯国家农产品贸易总额（亿美元）	对阿拉伯国家农产品贸易总额增速（%）
2001	154.49	4.05	2.6	0.13	4.17	3.2
2002	174.00	4.65	2.7	0.21	4.86	16.5
2003	206.41	5.57	2.7	0.32	5.89	21.1
2004	224.78	6.80	3.0	0.27	7.07	20.1
2005	264.63	7.72	2.9	0.22	7.94	12.3
2006	302.12	9.39	3.1	0.22	9.61	21.0
2007	354.65	11.89	3.4	0.56	12.45	29.6
2008	388.30	14.38	3.7	0.44	14.82	19.0
2009	382.17	14.36	3.8	0.37	14.73	-0.6
2010	476.26	17.55	3.7	1.03	18.59	26.2
2011	586.19	19.94	3.4	0.64	20.58	10.7
2012	610.93	19.20	3.1	2.30	21.50	4.4
2013	653.66	21.15	3.2	4.93	26.08	21.3
2014	693.62	21.08	3.0	3.87	24.95	-4.3
2015	681.66	21.63	3.2	3.47	25.10	0.6
2016	711.33	21.37	3.0	2.76	24.13	-3.9
2017	725.43	22.20	3.1	5.24	27.44	13.7

注：如无特殊说明，本章图表数据报告国均为中国。
资料来源：根据联合国统计署贸易数据库（COMTRADE）数据整理。

从出口来看，中国对阿拉伯国家农产品出口额呈现不断上涨势头，但总体增幅不大。2001年，中国对阿拉伯国家农产品出口额为4.05亿美元，2007年突破10亿美元，2013年突破20亿美元，2015年达到历史最高值为21.63亿美元，2016年小幅下降。总体来看，中国对阿拉伯国家农产品出口在全部农产品出口中所占比例相对较低，一直在2.6%～3.8%之间徘徊，2009年所占比重最大，达到了3.8%，但之后就逐步下降，2017年下降到3.1%。

从进口来看，中国自阿拉伯国家农产品进口规模不大，2001年仅为

0.13 亿美元；2013 年进口额最高，为 4.93 亿美元。从总体趋势来看，自阿拉伯国家进口的农产品进口额呈现稳定的增长势头，但增长幅度不大。

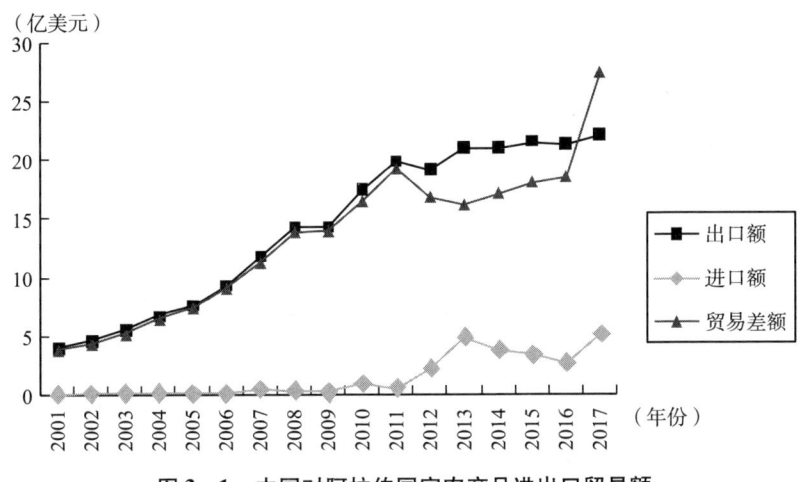

图 3-1 中国对阿拉伯国家农产品进出口贸易额

资料来源：根据联合国统计署贸易数据库（COMTRADE）数据整理。

从阿拉伯国家在中国农产品出口贸易中的地位来看：2001~2017 年，中国对阿拉伯国家农产品出口额占全部出口额的比重一直在 2.6%~3.8% 之间徘徊，相对比较稳定。2001 年，中国对阿拉伯国家农产品出口额占全部农产品出口额的 2.6%，在中国出口的贸易对象中，阿拉伯国家位列第 6 位。这表明阿拉伯国家是中国重要的农产品贸易伙伴和重要的出口市场。到 2007 年，阿拉伯国家的排名依然如此。但是到了 2014 年，阿拉伯国家的排名就后移至第 9 位，2016 年排名与 2014 年大致一致。这表明中国对阿拉伯国家农产品出口相对在减少，阿拉伯国家市场在中国对外出口市场中的地位在相对下降。

3.2 中国对阿拉伯国家农产品进出口结构分析

在 22 个阿拉伯国家中，大多数国家经济结构较为单一，出口主要集中在石油及衍生产品上，农产品的出口规模并不大，但阿拉伯国家的特色农产品仍受到国际市场的欢迎。如黎巴嫩的柠檬、突尼斯的橄榄、摩洛哥的橘子和柑子、埃及的棉花、伊拉克的蜜枣、阿尔及利亚的无花果、叙利亚的玫瑰等。但阿拉伯国家大部分农产品都需要从国外进口，例如，粮油产品、鱼类、肉类、可可、香料及蔬菜产品等。而中国作为农产品种类相对丰富的国家，中阿双方农产品贸易具有较强的经济互补性和广泛的发展空间。

在中阿农产品贸易中，中国自阿拉伯国家农产品的进口与中国农产品向阿拉伯国家出口具有明显的结构特征。本书根据所得数据，选取2005年和2015年、2016年、2017年中阿农产品贸易数据来对中阿农产品贸易结构进行对比分析。

3.2.1　中国向阿拉伯国家出口的农产品商品结构分析

为进行比较深入的分析，分别从HS编码的2位编码和4位编码对中国向阿拉伯国家出口的农产品结构进行分析。

3.2.1.1　基于HS2位编码的大类出口商品数据的分析

根据表3-2可知，2005年中国向阿拉伯国家农产品出口额取得了大幅增长，出口总额为77175.78万美元，较上年增长13.42%。2005年，中国向阿拉伯国家出口的农产品以咖啡、茶、马黛茶及调味香料为主，占到了中国对阿拉伯国家农产品出口总额的24.62%，出口贸易额达到了19004.12万美元。相比2004年，增长了14.38%。出口额排第2位的是蔬菜、水果等或植物其他部分的制品，出口额为12068.23万美元，比2004年同期增长了28.92%，占到了对阿拉伯国家出口总额的15.64%。农产品出口量排第3位的产品是油籽、子仁、工业或药用植物及饲料，出口额为9389.35万美元，比上年同期增长了6.75%，占到了对阿拉伯国家出口额的12.17%。

从增长幅度上看，增长幅度最大的是动、植物油、脂、蜡与精制食用油脂，乳、蛋、蜂蜜及其他食用动物产品和饮料，酒及醋这三类产品，其中动、植物油、脂、蜡与精制食用油脂这类产品的出口额为3489.68万美元，较上年增长841.15%，贸易上取得了极大的突破。乳、蛋、蜂蜜及其他食用动物产品和饮料、酒及醋这两类产品虽出口额仅分别只有1183.46万美元和74.80万美元，但增长幅度却分别达到了599.73%和248.99%。说明在2004年以前，中国对阿拉伯国家这两类农产品的出口较少，在

2005年取得了突破。当然，在这些农产品对阿拉伯国家出口额增长的同时，食品工业的残渣及废料及配制的饲料、其他动物产品及活动物的出口均出现了大幅减少。其中，食品工业的残渣及废料及配制的饲料与2004年同期相比，减少了73.85%，如表3-2所示。

总体来看，2005年中国对阿拉伯国家农产品的出口主要集中在咖啡、茶、香料、干鲜食用蔬菜及其制品、油料制品、饲料用植物和肉及使用杂碎这些阿拉伯日常需求较大且自身不能自足的产品上，进口比例相对分布较均匀，合计比重高达农产品出口总额的70%以上。

表3-2　　　　　　2005年中国向阿拉伯国家出口农产品构成

产品	出口额（万美元）	上年出口额（万美元）	同比（%）	占比（%）
总额	77175.78	68046.93	13.42	100.00
咖啡、茶、马黛茶及调味香料	19004.12	16615.55	14.38	24.62
蔬菜、水果等或植物其他部分的制品	12068.23	9361.36	28.92	15.64
油籽、子仁、工业或药用植物及饲料	9389.35	8795.54	6.75	12.17
食用蔬菜、根及块茎	7956.55	5775.68	37.76	10.31
肉及食用杂碎	7771.23	6052.23	28.40	10.07
烟草、烟草及烟草代用品的制品	4979.25	7056.90	-29.44	6.45
食用水果及坚果、甜瓜等水果含果皮	3748.74	2942.52	27.40	4.86
动、植物油、脂、蜡与精制食用油脂	3489.68	370.79	841.15	4.52
糖及糖食	2324.28	1459.82	59.22	3.01
其他动物产品	2029.36	6380.20	-68.19	2.63
乳、蛋、蜂蜜及其他食用动物产品	1183.46	169.13	599.73	1.53
杂项食品	842.68	677.07	24.46	1.09
谷物粉、淀粉等或乳的制品及糕饼	640.47	561.49	14.07	0.83
肉、鱼及其他水生无脊椎动物的制品	600.68	327.11	83.63	0.78
鱼及其他水生无脊椎动物	301.23	184.84	62.97	0.39
活动物	269.84	755.53	-64.28	0.35

续表

产品	出口额（万美元）	上年出口额（万美元）	同比（%）	占比（%）
谷物	188.65	110.53	70.68	0.24
可可及可可制品	94.48	132.25	-28.56	0.12
饮料、酒及醋	74.80	21.43	248.99	0.10
活植物、鳞茎、根及花叶	53.54	36.58	46.35	0.07
制粉工业产品、麦芽、面筋和淀粉等	51.85	43.36	19.58	0.07
虫胶、树胶、树脂及其他植物汁液	48.32	63.12	-23.44	0.06
食品工业的残渣及废料及配制的饲料	32.72	125.12	-73.85	0.04
编结用植物材料及其他植物产品	32.25	28.76	12.13	0.04

资料来源：根据联合国统计署贸易数据库（COMTRADE）数据整理（HS1编码）。

据表3-3可以看到，自2014年以来，中国对阿拉伯国家农产品出口额不断上升，增加了大约3倍，但是出口的农产品结构变动不大。根据2017年中国对阿拉伯国家出口农产品数据来看，出口最多的商品依次为："咖啡、茶、马黛茶及调味香料（第09类）""蔬菜、水果、坚果或植物其他部分的制品（第20类）""食用蔬菜、根及块茎（第07类）""油籽、子仁、工业或药用植物及饲料（第12类）""烟草、烟草及烟草代用品的制品（第24类）""鱼；甲壳动物；软体动物及其他水生无脊椎动物（第03类）""杂项制品（第21类）"，和2005年的情况大致类似。其中，食用蔬菜、根及块茎的出口占比有所上升，但是肉及食用杂碎的出口占比下降幅度较大，从2005年的10.31%的占比下降到1.74%。

2017年增幅较大的产品是"谷物""饮料、酒及醋""肉及食用杂碎""动、植物油、脂及其分解产品；精制的食用油脂；动、植物蜡""烟草、烟草及烟草代用品的制品"和"编结用植物材料；其他植物产品"等，其中"谷物"的增幅最大，为468.26%。另外，也有一些产品相比2016年的出口额下降比较大，它们是水果、蔬菜和糖及糖食等。2017年降幅较大的产品是"制粉工业产品；麦芽；淀粉；菊粉；面筋""食用蔬菜、根及块茎""可可及可可制品""食用水果及坚果；甜瓜或柑橘属水果的果皮"等。

表3-3　　2015~2017年中国对阿拉伯国家出口农产品汇总表

产品代码	产品名称	2015年（万美元）	2016年（万美元）	2017年（万美元）	2017年各类产品占比（%）	2017年同比变化（%）
	第一类活动物；动物产品					
01	活动物	1.69	1.39	2.08	0.00	50.13
02	肉及食用杂碎	3328.29	2307.98	3856.91084	1.74	67.11
03	鱼；甲壳动物；软体动物及其他水生无脊椎动物	12781.70	13586.73	14127.98794	6.36	3.98
04	乳品、蛋品；天然蜂蜜；其他食用动物产品	1094.85	1330.91	1237.9212	0.56	-6.99
05	其他动物产品	1236.32	1683.12	2203.80796	0.99	30.94
	第二类植物产品					
06	活树及其他活植物；鳞茎、根及类似品；插花及装饰用簇叶	597.30	861.87	864.3727	0.39	0.29
07	食用蔬菜、根及块茎	28387.66	35622.96	29641.57	13.35	-16.79
08	食用水果及坚果；甜瓜或柑橘属水果的果皮	6969.25	8224.93	7423.62	3.34	-9.74
09	咖啡、茶、马黛茶及调味香料	51734.92	46671.87	50507.55	22.75	8.22
10	谷物	83.76	220.22	1251.4106	0.56	468.26
11	制粉工业产品；麦芽；淀粉；菊粉；面筋	443.92	623.71	422.98769	0.19	-32.18
12	油籽、子仁、工业或药用植物及饲料含油子仁及果实；杂项子仁及果仁	24323.44	21728.36	22918.98	10.32	5.48
13	虫胶、树胶、树脂及其他植物液、汁	1041.59	1276.65	1357.451	0.61	6.33
14	编结用植物材料；其他植物产品	102.60	95.32	143.8333	0.06	50.89

续表

产品代码	产品名称	2015年（万美元）	2016年（万美元）	2017年（万美元）	2017年各类产品占比（%）	2017年同比变化（%）
第三类动、植物油、脂及其分解产品；精制的食用油脂；动、植物蜡					
15	动、植物油、脂及其分解产品；精制的食用油脂；动、植物蜡	473.97	668.49	1079.8626	0.49	61.54
第四类食品；饮料、酒及醋、烟草、烟草及烟草代用品的制品					
16	肉、鱼、甲壳动物、软体动物及其他水生无脊椎动物制品	4220.77	4348.29	4265.32159	1.92	-1.91
17	糖及糖食	9223.35	8974.83	8398.38751	3.78	-6.42
18	可可及可可制品	1499.46	1398.42	1228.6909	0.55	-12.14
19	谷物、粮食粉、淀粉或乳的制品；糕饼点心	2769.60	2691.69	2607.28781	1.17	-3.14
20	蔬菜、水果、坚果或植物其他部分的制品	42392.37	38906.21	36463.4337	16.43	-6.28
21	杂项食品	10541.24	9698.47	10021.81094	4.51	3.33
22	饮料、酒及醋	1918.19	1958.02	5523.77671	2.49	182.11
23	食品工业的残渣及废料；配制的动物饲料	1135.61	1221.19	1308.4121	0.59	7.14
24	烟草、烟草及烟草代用品的制品	9949.76	9567.51	15140.4	6.82	58.25
	出口总额	216251.63	213669.15	221997.8	100.00	3.90

资料来源：根据联合国统计署贸易数据库（COMTRADE）数据整理（HS1编码）。

3.2.1.2 基于HS4位编码中国向阿拉伯国家出口的主要农产品状况

2001年中国向阿拉伯国家出口的主要农产品是：茶，无论是否加香料（0902），出口额为8938.87万美元；鲜、冷、冻肉及食用杂碎（0207），出口额为5999.89万美元；稻谷、大米（1006），出口额为3657.54万美元；未焙炒或未烹煮的花生，无论是否去壳或破碎（1202），出口额为3512.31亿美元；脱荚的干豆，无论是否去皮或分瓣（0713），出口额为3009.05万美元；鲜或冷藏洋葱、青葱、大蒜、韭葱等葱属蔬菜（0703），出口额为1986.01万美元；冻牛肉（0202），出口额为1349.47万美元；烟草，烟草废料（2401），出口额为1334.96万美元；其他编号未列名的果核、果仁及植物产品等（1212），出口额为1251.39万美元；非醋方法制作或保藏的番茄（2002），出口额为1199.30万美元；未列名果品及食用植物（2008），出口额为1082.04万美元。

2005年中国向阿拉伯国家出口的主要农产品：茶，无论是否加香料（0902），出口额为15435.59万美元；非醋方法制作或保藏的番茄（2002），出口额为4895.68万美元；鲜或冷藏洋葱、青葱、大蒜、韭葱等葱属蔬菜（0703），出口额为4742.90万美元；未焙炒或未烹煮的花生，无论是否去壳或破碎（1202），出口额为4587.95万美元；其他编号未列名的果核、果仁及植物产品等（1212），出口额为4580.37万美元；鲜、冷、冻绵羊肉或山羊肉（0204），出口额为4391.93万美元；未列名果品及食用植物（2008），出口额为4064.45万美元；其他固定植物油、脂及其分离品（1515），出口额为3398.24万美元；烟草，烟草废料（2401），出口为2857.80万美元；姜番、红花、姜黄、麝香草、月桂叶、咖喱等调味香料（0910），出口额为2463.74万美元。2005年比较显著的特征是羊肉产品和调味香料产品出口额增长较快，进入前10位。

2017年从四位编码来看出口结构与2005年相比有一定变化。茶、蔬菜、果品及食用植物、番茄、调味香料等依然是中国对阿拉伯国家重要出口产品，出口额位列前10。所不同的是葵花籽（1206）出口额较大，达到17042.76万美元，位列第3；烟草；烟草废料（2401）出口额增加，达到10882.08万美元，位列第5；不含可可的糖食（包括白巧克力）（1704）出口额达到6495.40万美元，位列第9；活鲜冷冻干盐腌渍的软体及水生无脊椎动物等（0307）出口额达到5747.16万美元，位列第10。油脂产品和羊肉产品都跌出前10。在出口额最大的前20位产品中，大部分是植物源性产品。

总体来看，中国对阿拉伯国家农产品出口中茶、蔬菜、水果、糖食、调料和烟草等是主要出口的产品。

3.2.2 中国自阿拉伯国家进口的主要农产品的构成

3.2.2.1 基于HS2位编码中国自阿拉伯国家进口的主要农产品状况分析

由表3-4可知，2005年中国向阿拉伯国家进口农产品规模与2004年相比出现了明显的下降趋势，进口总额为2228.19万美元，较2004年同比下降16.91%。2005年，中国进口阿拉伯国家贸易额最大的农产品为鱼及其他水生无脊椎动物，总额达到1772.17万美元，占比高达中国进口阿拉伯国家农产品总额的79.53%，但较2004年的2048.03万美元的进口规模也出现了较大幅度下降，下降幅度为13.47%。中国从阿拉伯国家进口农产品进口额排第2位的是食用水果及坚果、甜瓜等水果（含果皮），贸易额达到151.80万美元，是2005年中国自阿拉伯国家进口农产品中除鱼及其他水生无脊椎动物外唯一进口额超过百万美元的农产品，但其进口规模也较2004年出现了断崖式的下滑，进口额较上年下降了55.22%。中国进口阿拉伯国家农产品排第3位的是油籽、子仁、工业或药用植物及饲料，进口额为74.96万美元，是在2005年中国进口阿拉伯国家农产品增长幅度最大的农产品，较上年增长432.86%，取得了爆发式的增长。

从增长幅度来看，2005年中国自阿拉伯国家进口的农产品种类中较2004年增长幅度最大的是油籽、子仁、工业或药用植物及饲料，进口额达到74.96万美元，较上年取得突破性增长，涨幅达到432.86%。同时，谷物粉、淀粉等或乳的制品及糕饼和蔬菜、水果等或植物其他部分的制品这两类农产品也较上年进口额出现大幅增长，分别较上年增长260.22%和89.73%。除了部分产品进口额大幅上涨、贸易取得较大进展之外，中国自阿拉伯国家进口农产品中同样存在部分种类的产品进口额大幅下降的特征。其中，咖啡、茶、马黛茶及调味香料下降比例最大，同比下降70.77%。此外杂项食品和进口额较高的食用水果及坚果、甜瓜等水果（含果皮）也出现了较大幅度的下降，下降幅度分别达到67.8%和55.22%。

2005年中国自阿拉伯国家进口农产品以鱼及其他水生无脊椎动物、食用水果及坚果、甜瓜等水果（含果皮）和油籽、子仁、工业或药用植物及饲料为主，进口农产品多为阿拉伯特色农产品中的植物性产品。但除油籽、子仁、工业或药用植物及饲料外贸易额前两名均出现不同程度的下降且总体出现贸易额也呈下降的趋势。同时,2005年中国自阿拉伯国家进口农产品中对鱼及其他水生无脊椎动物这类产品依赖性较强,占比接近贸易总额的80%,出现进口产品分布不均衡且重心偏向于鱼及其他水生无脊椎动物这类产品的特征,相较之下,其他农产品的占比较少,贸易额也不高。

表3-4　　　　2005年中国自阿拉伯国家进口农产品构成

产品	年度总值(万美元)	上年总值(万美元)	同比(%)	占比(%)
总额	2228.19	2681.60	-16.91	100.00
鱼及其他水生无脊椎动物	1772.19	2048.03	-13.47	79.53
食用水果及坚果、甜瓜等水果(含果皮)	151.80	339.03	-55.22	6.81
油籽、子仁、工业或药用植物及饲料	74.96	14.07	432.86	3.36
编结用植物材料及其他植物产品	65.90	136.00	-51.54	2.96
蔬菜、水果等或植物其他部分的制品	64.97	34.24	89.73	2.92
虫胶、树胶、树脂及其他植物汁液	42.05	52.86	-20.45	1.89
其他动物产品	16.40	9.04	81.45	0.74
咖啡、茶、马黛茶及调味香料	8.32	28.47	-70.77	0.37
食品工业的残渣及废料及配制的饲料	8.14	5.25	54.97	0.37
动、植物油、脂、蜡及精制食用油脂	4.83	0.03	—	0.22
饮料、酒及醋	4.45	3.12	42.51	0.20
谷物粉、淀粉等或乳的制品及糕饼	4.14	1.15	260.22	0.19
肉、鱼及其他水生无脊椎动物的制品	3.90	4.25	-8.27	0.17
糖及糖食	3.33	2.53	31.64	0.15
食用蔬菜、根及块茎	1.60	0.01	—	0.07
杂项食品	1.14	3.54	-67.80	0.05
可可及可可制品	0.05	0.00	—	0.002
烟草、烟草及烟草代用品的制品	0.02	0.00	0.00	0.001

资料来源:根据联合国统计署贸易数据库(COMTRADE)数据整理。

2017年中国进口阿拉伯国家农产品总额为52350.78万美元,较上年增长89.64%,贸易额较2005年增长约23倍。2017年中国从阿拉伯国家进口农产品进口额较大的产品依次是:"油籽、子仁、工业或药用植物及饲料""食品工业的残渣及废料;配制的动物饲料""食用水果及坚果;甜瓜或柑橘属水果的果皮""动、植物油、脂及其分解产品;精制的食用油脂;动、植物蜡""鱼;甲壳动物;软体动物及其他水生无脊椎动物"等。其中,2017年中国自阿拉伯国家进口农产品排第1位的是油籽、子仁、工业或药用植物及饲料类产品,进口总额达到18492.06万美元,较上年增长44.92%,占中国自阿拉伯国家进口农产品总额的35.32%,占比超过1/3。第2位是食品工业的残渣及废料及配制的饲料类产品,占2017年中国自阿拉伯国家进口农产品总额的19.20%。排在第3位的是食用水果及坚果;甜瓜或柑橘属水果的果皮,占比达到2017年中国自阿拉伯国家进口农产品总额的18.36%。这三类产品占中国自阿拉伯国家进口比重大约达到75%,显然,这三类产品是阿拉伯国家具有比较优势的产品,也是中国需求较大的产品,双边的贸易互补性比较强。2017年进口规模增幅较大的产品是:"肉、鱼、甲壳动物、软体动物及其他水生无脊椎动物制品""糖及糖食""可可及可可制品""活动物""咖啡、茶、马黛茶及调味香料"和"食用水果及坚果;甜瓜或柑橘属水果的果皮"等。其中,肉、鱼、甲壳动物、软体动物及其他水生无脊椎动物制品增长速度超过了6000%,"糖及糖食""可可及可可制品""活动物""咖啡、茶、马黛茶及调味香料"和"食用水果及坚果;甜瓜或柑橘属水果的果皮"的增长速度都超过了100%。而降幅较大的产品是:"编结用植物材料;其他植物产品""活树及其他活植物;鳞茎、根及类似品;插花及装饰用簇叶"和"其他动物产品",它们的降幅都超过了60%(如表3-5所示)。

表3-5　2015~2017年中国从阿拉伯国家进口农产品基本状况

产品代码	产品名称	2015年(万美元)	2016年(万美元)	2017年(万美元)	2017年各类产品占比(%)	2017年同比变化(%)
第一类活动物;动物产品					
01	活动物	16.87	15.27	39.74	0.08	160.17
02	肉及食用杂碎	—	—	—	—	—
03	鱼;甲壳动物;软体动物及其他水生无脊椎动物	1857.09	2718.77	2211.04	4.22	-18.68

续表

产品代码	产品名称	2015年（万美元）	2016年（万美元）	2017年（万美元）	2017年各类产品占比（%）	2017年同比变化（%）
04	乳品、蛋品；天然蜂蜜；其他食用动物产品	17.28	9.79	3.63	0.01	-62.90
05	其他动物产品	16.65	10.53	4.01	0.01	-61.92
	第二类植物产品					
06	活树及其他活植物；鳞茎、根及类似品；插花及装饰用簇叶	0.02	0.03	0.01	0.00	-68.82
07	食用蔬菜、根及块茎	5.04	14.35	8.27	0.02	-42.35
08	食用水果及坚果；甜瓜或柑橘属水果的果皮	3022.88	3742.75	9612.27	18.36	156.82
09	咖啡、茶、马黛茶及调味香料	47.96	33.94	95.20	0.18	180.47
10	谷物	—	0.17	—	—	—
11	制粉工业产品；麦芽；淀粉；菊粉；面筋	—	0.12	—	—	—
12	油籽、子仁、工业或药用植物及饲料	16470.48	12760.15	18492.06	35.32	44.92
13	虫胶；树胶、树脂及其他植物液、汁	1343.32	526.41	1340.77	2.56	154.70
14	编结用植物材料；其他植物产品	276.43	258.20	59.14	0.11	-77.10
	第三类动、植物油、脂及其分解产品；精制的食用油脂；动、植物蜡					
15	动、植物油、脂及其分解产品；精制的食用油脂；动、植物蜡	5367.07	2598.83	5739.86	10.96	120.86
	第四类食品；饮料、酒及醋；烟草、烟草及烟草代用品的制品					
16	肉、鱼、甲壳动物、软体动物及其他水生无脊椎动物制品	0.90	34.16	2303.50	4.40	6642.84
17	糖及糖食	166.35	166.20	1460.35	2.79	778.66
18	可可及可可制品	9.56	11.54	58.11	0.11	403.66

续表

产品代码	产品名称	2015年（万美元）	2016年（万美元）	2017年（万美元）	2017年各类产品占比（%）	2017年同比变化（%）
19	谷物、粮食粉、淀粉或乳的制品；糕饼点心	217.45	177.67	151.75	0.29	-14.59
20	蔬菜、水果、坚果或植物其他部分的制品	42.52	35.76	87.39	0.17	144.41
21	杂项食品	54.59	72.09	77.76	0.15	7.86
22	饮料、酒及醋	136.63	167.35	193.15	0.37	15.42
23	食品工业的残渣及废料；配制的动物饲料	5613.08	4093.06	10051.31	19.20	145.57
24	烟草、烟草及烟草代用品的制品	26.83	157.72	361.47	0.69	129.19
	进口总额	34709.00	27604.85	52350.78	100.00	89.64

资料来源：根据联合国统计署贸易数据库（COMTRADE）数据整理。"-"代表无数据。

综上所述，通过中国向阿拉伯国家出口农产品及进口农产品的对比分析来看，可以看到中阿农产品贸易商品具有很强的互补性。

3.2.2.2 基于HS4位编码中国向阿拉伯国家进口的主要农产品状况分析

从HS4位编码的产品来看，2001年中国自阿拉伯国家进口的前10位产品分别是：活、鲜、冷、冻、干、盐、腌渍的软体及水生无脊椎动物等（0307）；干及盐腌渍的鱼，熏鱼，可食用的鱼粉和粒（0305）；动物质天然海绵（0509）；冻鱼（0303）；活、鲜、冷、冻、干、盐腌渍的甲壳动物等（0306）；其他活动物（0106）；椰枣、无花果、菠萝、鳄梨、番石榴、芒果及山竹果（0804）；鲜、冷鱼（0302）；不含可可的糖食（包括白巧克力）（1704）。

总体来看，中国从阿拉伯国家进口的主要是海产品，包括冻鱼及其他鱼类产品、贝壳类产品、椰枣和糖食等产品。

2005年，中国从阿拉伯国家进口的前10位产品分别是：活、鲜、冷、冻、干、盐腌渍的软体及水生无脊椎动物等（0307）；冻鱼（0303）；冷冻水果及坚果（0811）；其他编号未列名的植物产品（主要供染料、鞣料用的植物原料和棉短绒）（1404）；其他含油子仁及果实（1207）；植物液汁及浸膏，果胶等，植物制琼脂等（1302）；冷冻蔬菜（2004）；可可脂、可可油（0804）；活、鲜、冷、冻、干、盐腌渍的甲壳动物等（0306）；用其他方法制作的未列名果品及食用植物（2008）。可以看到，中国进口的主要产品的品种除了鱼类产品，还有含油子仁及果实、蔬菜等产品。这些产品的进口额相对较大，均超过了20万美元。

2017年中国从阿拉伯国家进口的前10位产品分别是：其他含油子仁及果实（1207）、鲜或干的柑橘属水果（0805）、非食用肉、鱼及其他动物的渣粉及团粒；油渣（2305）、制作或保藏的甲壳软体动物等水生无脊椎动物（1605）、固体甘蔗糖、甜菜糖及化学纯蔗糖（1701）、活鲜冷冻干盐腌渍的软体及水生无脊椎动物等（0307）、冷冻水果及坚果（0811）、植物液汁及浸膏；果胶等；植物制琼脂等（1302）、冻鱼（0303）和油橄榄油及其分离品（1509）。2017年的进口与2005年相比，鱼类产品依然是重要的进口产品，但是比较显著的变化是其他含油子仁及果实进口额大幅增长，达到18304.79万美元，位居第一。除此之外，油脂油渣类产品和糖的进口额也大幅增长。

3.3 中国对阿拉伯国家农产品贸易地区分布

阿拉伯国家主要集中于西亚和北非，其中西亚地区包括巴勒斯坦、约旦、叙利亚、黎巴嫩、沙特阿拉伯、伊拉克、也门、科威特、阿联酋、卡塔尔、巴林、阿曼12个国家；北非国家有阿尔及利亚、摩洛哥、突尼斯、利比亚、苏丹、埃及和毛里塔尼亚7个国家；非洲东部的吉布提和索马里以及印度洋西部科摩罗也均属于阿拉伯国家。

阿拉伯国家均为发展中国家，经济结构不够完善，虽然近年来阿拉伯国家着力于经济结构调整，推动私有化和鼓励吸引外资，经济处于增长加速阶段，但国家间经济发展水平差异很大。其中，海湾六国、黎巴嫩、卡塔尔和利比亚人均GDP均超过1万美元。同时也存在也门、苏丹、毛里塔尼亚等相对较为落后国家。在中国与阿拉伯国家农产品贸易中，由于各个国家经济发展水平和农产品需求的差异，呈现明显的地区分布特征。

在本小节分析中，本书采用更翔实的中国商务部对外贸易司的农产品进出口数据并结合联合国贸易数据库数据进行分析，由于统计口径和统计方式的不同，与前文所用 WITS 数据稍有出入，但差距甚小且更为详细。

3.3.1 中国对阿拉伯国家农产品出口贸易地区分布

中国农产品出口阿拉伯国家市场分布比较广泛，对各阿拉伯国家都有出口，但相对集中在西亚地区，其次是北非地区，对其他地区出口相对较少，如表 3-6 所示。

表 3-6　　　2017 年中国向阿拉伯国家出口农产品国家分布

国家	2017 年出口额（万美元）	2016 年出口额（万美元）	比上年同期增速（%）	占 2017 年中国对阿农产品出口的比重（%）
阿联酋	49623.55	54174.4	-8.40	22.22
巴林	4094.65	3349.695	22.24	1.83
科摩罗	126.4179	127.7014	-1.01	0.06
吉布提	1159.506	703.0856	64.92	0.52
阿尔及利亚	13256.78	14944.85	-11.30	5.94
埃及	23127.38	21290.02	8.63	10.35
伊拉克	15033.11	13173.58	14.12	6.73
约旦	6893.224	6355.021	8.47	3.09
科威特	3151.605	3795.266	-16.96	1.41
黎巴嫩	8321.396	7055.484	17.94	3.73
利比亚	3364.874	2399.583	40.23	1.51
摩洛哥	30502.8	28760.01	6.06	13.66
毛里塔尼亚	7181.178	6708.285	7.05	3.22
阿曼	3328.111	2546.38	30.70	1.49
卡塔尔	2458.997	1972.166	24.69	1.10
沙特阿拉伯	32111.93	30594.27	4.96	14.38

续表

国家	2017年出口额（万美元）	2016年出口额（万美元）	比上年同期增速（%）	占2017年中国对阿农产品出口的比重（%）
索马里	817.4712	393.9769	107.49	0.37
苏丹	5290.018	4147.235	27.56	2.37
叙利亚	1653.367	1987.803	−16.82	0.74
突尼斯	3455.634	3348.823	3.19	1.55
也门	8405.062	9712.539	−13.46	3.76
巴勒斯坦	—	—	—	—
合计	223357.1	217540.2	2.67	100

注："—"代表数据缺失。
资料来源：根据联合国统计署贸易数据库（COMTRADE）数据整理。

分区域来看，2017年中国向西亚阿拉伯国家出口农产品规模为135075万美元，占中国向阿拉伯国家出口农产品总额的60.47%，其中最主要的贸易国为阿联酋，占中国向阿拉伯国家出口农产品总额的近1/4；中国向北非阿拉伯国家出口农产品规模相对较小，为86178.66万美元，占中国向阿拉伯国家出口农产品总额的38.58%。其中最主要的贸易国为摩洛哥，2017年贸易额为30502.8万美元，占中国向阿拉伯国家出口农产品总额的13.66%；在这两个区域之外的索马里、吉布提和科摩罗进口中国农产品较少，三国总额占比均不足中国向阿拉伯国家出口农产品总额的1%。

分国家来看，中国向阿拉伯国家出口农产品市场主要集中于阿联酋、沙特阿拉伯、摩洛哥、埃及这四个国家，中国向这四个国家出口农产品贸易额占中国向阿拉伯国家出口农产品总额的60.61%，占比远超一半。同时，中国向科威特、利比亚、巴林、突尼斯、阿曼、叙利亚、卡塔尔、吉布提、巴勒斯坦、索马里和科摩罗这些国家出口农产品贸易额均不足中国向阿拉伯国家出口农产品总额的2%。其中叙利亚、吉布提、索马里和科摩罗占比均不足1%。

从以上分析可以看出，中国向阿拉伯国家出口农产品的地区分布出现明显的地区差异。主要集中于西亚和北非地区，且国别比较集中，对主要贸易伙伴国之外的其他国家虽有出口，但出口额较低。

需要说明的是：海合会即海湾六国一直以来由于其经济基础较好与中国的贸易关系在所有阿拉伯国家中相对比较紧密，农产品贸易也如此。

2000~2017年，中国与海湾六国农产品进出口规模虽有波动，但整体呈扩大趋势。其中，中国对海合会国家出口也如此。如表3-7所示，2000年中国对海合会国家农产品出口仅为1.26亿美元，到2017年就上升到9.477亿美元。其中，2005年、2007年和2010年增速都较快，都超过了30%。2009年由于2008年的金融危机，中国对海合会国家农产品出口额下降，出现了负增长。进入2011年以来，对海湾六国农产品增速放缓，2011年出口8.837亿美元，比上年增长7.34%。2012年出现了负增长，2014年中国对海合会国家的出口增速仅为5.44%，2016年和2017年接连甚至出现负增长。

表3-7　　　　2000~2017年中国与海湾国家农产品进出口状况

年份	进口额（亿美元）	出口额（亿美元）	进出口额（亿美元）	进口（%）	出口（%）	进出口（%）
2000	0.06	1.26	1.326	—	—	—
2001	0.027	1.620	1.646	-55.71	27.98	24.20
2002	0.035	1.960	1.995	33.49	20.97	21.17
2003	0.058	2.330	2.388	63.50	18.91	19.70
2004	0.021	2.676	2.697	-63.50	14.85	12.95
2005	0.047	3.580	3.627	122.13	33.79	34.48
2006	0.023	4.336	4.358	-51.72	21.09	20.15
2007	0.281	5.903	6.184	1141.97	36.14	41.89
2008	0.136	6.714	6.850	-51.49	13.75	10.78
2009	0.185	6.156	6.341	35.48	-8.31	-7.44
2010	0.700	8.233	8.933	278.64	33.73	40.88
2011	0.323	8.837	9.160	-53.81	7.34	2.54
2012	1.444	8.005	9.448	346.39	-9.41	3.15
2013	2.701	9.229	11.929	87.07	15.29	26.26
2014	1.637	9.730	11.367	-39.38	5.44	-4.71
2015	0.980	9.810	10.791	-40.12	0.82	-5.07
2016	0.168	9.643	9.812	-82.81	-1.70	-9.07
2017	0.372	9.477	9.849	120.68	-1.72	0.38

资料来源：根据联合国统计署贸易数据库（COMTRADE）数据整理。

3.3.2 中国自阿拉伯国家进口农产品的国家分布

由表3-8可知,中国自阿拉伯进口农产品规模远小于中国向阿拉伯国家出口农产品的规模。同时中国自阿拉伯进口农产品的地区分布较少,部分国家甚至并无进口数据。

表3-8　　2016年、2017年中国自阿拉伯国家进口农产品国家分布

国家	2016年进口额（万美元）	2017年进口额（万美元）	比2015年同期增速（%）	占2017年中国进口阿拉伯国家农产品比重（%）
苏丹	16077.244	28783.858	79.03	50.54
摩洛哥	4719.388	2928.927	-37.94	5.14
埃及	4344.726	11079.126	155.00	19.45
毛里塔尼亚	1971.989	8717.946	342.09	15.31
阿联酋	1244.262	3394.087	172.78	5.96
索马里	986.743	995.254	0.86	1.75
叙利亚	230.966	61.370	-73.43	0.11
突尼斯	230.868	231.185	0.14	0.41
伊拉克	210.431	100.941	-52.03	0.18
沙特阿拉伯	208.105	167.624	-19.45	0.29
阿曼	206.252	156.685	-24.03	0.28
约旦	144.323	191.362	32.59	0.34
也门	44.750	67.448	50.72	0.12
利比亚	30.438	3.759	-87.65	0.01
黎巴嫩	21.500	48.952	127.69	0.09
阿尔及利亚	16.166	26.245	62.34	0.05
科摩罗	1.754	2.990	137.25	0.01
卡塔尔	1.260	0.050	1415.15	0.00
巴林	22.020	—	—	—
科威特	4.353	—	—	—
吉布提	1.754	—	—	—

续表

国家	2016年进口额（万美元）	2017年进口额（万美元）	比2015年同期增速（%）	占2017年中国进口阿拉伯国家农产品比重（%）
巴勒斯坦	—	—	—	—
合计	30717.540	56957.808	85.42	100.00

注："—"代表数据缺失。
资料来源：根据联合国统计署贸易数据库（COMTRADE）数据整理。

分地区来看，2017年中国自西亚阿拉伯国家进口农产品总额为4188.519万美元，占中国进口阿拉伯国家农产品总额的7.35%。其中西亚地区主要从阿联酋进口，占进口西亚地区阿拉伯国家农产品总额的81.03%，占中国进口阿拉伯国家农产品总额的5.96%。中国从北非阿拉伯国家进口农产品总额为51771.046万美元，占比达到90.89%。同时，中国向北非地区阿拉伯国家进口农产品主要国家为苏丹、埃及、毛里塔尼亚和摩洛哥，这四国占中国向阿拉伯国家进口农产品总额大约85%。这主要与阿拉伯国家农业生产的资源禀赋有关系，这几个北非国家都是农业生产资源相对丰富、农业生产条件较好的国家。

从单个国家来看，2016~2017年中国进口阿拉伯国家农产品最多的国家依次为苏丹、埃及、毛里塔尼亚、阿联酋和摩洛哥等，其中，阿联酋为西亚国家，其他四国均为北非国家。2017年中国从苏丹进口农产品达到28783.858万美元，占当年中国进口阿拉伯国家农产品的50.54%，成为中国进口阿拉伯国家农产品中最多的国家。2015年中国自这五国进口农产品额占中国进口阿拉伯国家农产品总额的96.4%，呈现出高度集中的地区分布特征。同时，2017年中国并未从巴林、科威特和吉布提进口农产品，贸易地区分化非常明显。

综上所述，在中国与阿拉伯国家农产品贸易中存在明显的地区分布特征。经过比较分析可以得出：首先，中国从阿拉伯国家进口农产品比中国向阿拉伯国家出口农产品国别更集中，且各国之间贸易规模差距更大，中国对21个（巴勒斯坦数据不可得）阿拉伯国家均有农产品出口，但在中国进口阿拉伯农产品方面，存在部分国家无进口和国家间进口规模差距大、对部分国家进口依赖倾向较重的特征。其次，从区域分布可以看出，中国向阿拉伯国家出口农产品的出口国主要集中于西亚阿拉伯国家，而进口农产品主要集中于北非阿拉伯国家。同时，从表3-8的数据可看出，阿联酋、埃及以和摩洛哥三国一直是中国稳定的农产品贸易伙伴,无论农产品进口或出口,均处于贸易额靠前且贸易规模较稳定的状态。

3.3.3 中国在阿拉伯农产品贸易中的地位

3.3.3.1 中国在阿拉伯农产品出口市场中的地位

随着经济全球化和贸易自由化的不断发展和阿拉伯国家经济体制改革的不断推进,阿拉伯国家和世界经济体间的贸易联系日趋紧密,2015年,阿拉伯国家向世界各国出口农产品总额达到94.15亿美元,2016年达到235.64亿美元。以2016年为例,如表3-9所示,从阿拉伯国家对世界各国的农产品出口来看,西班牙是阿拉伯国家农产品出口的第一大市场,比重占到了阿拉伯国家向世界出口农产品总额的6.24%;而排在第2位和第3位的同样为西欧国家,分别是法国和意大利。同时由表3-9分析可知,阿拉伯国家农产品的出口主要集中在西欧国家,如西班牙、法国、意大利、荷兰、英国和德国。而比利时占比相对较小,仅占阿拉伯国家出口农产品总额的0.63%。①

作为贸易大国的美国所占的比重相对较小,为2.03%,排在阿拉伯国家出口农产品市场的第5位。相比之下,中国仅占阿拉伯国家农产品出口总额的0.62%,排名第16位,出口额较少。可见在出口方面,欧洲国家是阿拉伯国家出口农产品的主要市场,其次是美国和俄罗斯,说明阿拉伯国家对欧美的依赖性较强,而阿拉伯国家对中国农产品出口的依赖性不是很强。

表3-9　　　　　2016年阿拉伯农产品出口市场中主要国家排名

国家	金额(亿美元)	排名	占比(%)
西班牙	14.71	1	6.24
法国	12.28	2	5.21
意大利	7.75	3	3.29

---

① 资料说明:本小节数据报告国均为阿拉伯国家。因存在转口贸易等原因,与中国作为报告国的贸易数据差额较大,但数据无误。同时,阿拉伯国家农产品贸易绝大部分是与自身内部国家间的贸易,但本小节数据中所采取的世界与阿拉伯国家间农产品贸易额不包含阿拉伯国家和自身内部国家间的农产品贸易,对阿拉伯国家与其内部成员农产品贸易暂不做分析。

续表

国家	金额（亿美元）	排名	占比（%）
荷兰	5.31	4	2.26
美国	4.78	5	2.03
俄罗斯	4.72	6	2.01
越南	3.62	7	1.54
英国	3.62	8	1.54
德国	3.57	9	1.52
土耳其	3.31	10	1.40
日本	3.08	11	1.31
伊朗	2.64	12	1.12
以色列	2.20	13	0.93
印度	1.82	14	0.77
比利时	1.48	15	0.63
中国	1.46	16	0.62
世界	235.64		100.00

资料来源：根据联合国统计署贸易数据库（COMTRADE）数据整理。

3.3.3.2 中国在阿拉伯农产品进口市场中的地位

2016年在阿拉伯国家农产品进口市场上，巴西排第1位，对阿拉伯国家出口农产品总额达到69.64亿美元，占阿拉伯国家进口世界农产品的8.1%。其次是印度，与阿拉伯国家出口农产品市场不同，印度在阿拉伯农产品进口市场中，排到了第2位。说明阿拉伯国家对从印度进口农产品的依赖性较强，而出口对印度市场依赖性较弱。排在第3位和第4位的分别是美国和法国，与阿拉伯国家出口农产品市场相比，美国和法国是和阿拉伯国家农产品贸易联系最稳定且紧密的国家，分别占阿拉伯进口农产品总额的5.9%和5.2%。相比之下，中国在阿拉伯农产品进口市场中的排名更靠后且所占份额较低。中国在阿拉伯农产品进口市场中仅排第15位，阿拉伯国家进口中国农产品总额为16.22亿美元，占阿拉伯国家农产品进口市场的1.89%。

总的来看，阿拉伯国家农产品贸易一直处于大幅逆差状态，阿拉伯国家对农产品的需求远远大于供给。在阿拉伯国家农产品出口方面，总体呈现西欧国家为阿拉伯国家最主要的农产品出口市场，其次是美国，贸易双方依赖性比较强，俄罗斯次之，而中国则处于贸易份额较低的位置。在阿拉伯农产品进口市场上，巴西和阿根廷这类南美国家在阿拉伯国家农产品市场上占据了重要份额。同样，欧洲仍为主要的阿拉伯农产品进口市场。同时，法国和美国在与阿拉伯国家间的贸易中表现出最强的稳定性与紧密性。不同的是，阿拉伯国家对中国农产品的依赖性较弱，其中中国进口阿拉伯国家农产品较少而向阿拉伯国家出口农产品相对较多，且占比均处于较低的状态，大力拓展与阿拉伯国家农产品贸易的深度与广度，显然是中国与阿拉伯国家农产品贸易今后应该重点合作的方向。

第 4 章

中国农产品在阿拉伯国家进口市场的竞争力和互补性

4.1 农产品竞争力的指标介绍

本书在借鉴相关学者研究的基础上,构建了中国农产品对阿拉伯国家出口竞争力的评价指标体系,将采用以下五个指标对中国农产品在阿拉伯国家市场的竞争力以及产品的互补性进行分析。

4.1.1 贸易竞争力指数

贸易竞争力指数(TC)是分析竞争力时常用的测度指标之一,也被称为贸易分工指数或贸易专业化指数,反映的是一国家或地区产品的出口竞争力。它表示一国商品进出口贸易的差额占进出口贸易总额的比重,具体公式为:

$$TC_{ij} = (X_{ij} - M_{ij})/(X_{ij} + M_{ij}) \qquad (4-1)$$

式(4-1)中,TC_{ij}表示 i 国或地区 j 类商品的贸易竞争力指数,X_{ij}表示 i 国 j 类商品的出口总额,M_{ij}表示 i 国 j 类产品的进口总额。

TC 指数的数值含义如表 4-1 所示。

表 4-1　　　　　　　　TC 指数的数值含义

TC 数值	含义
趋近 0	竞争力越接近平均水平

续表

TC 数值	含义
= -1	商品只进口不出口，越接近 -1 表示竞争力越薄弱
= 1	商品只出口不进口，越接近于 1 表示竞争力越大
>0	该国商品生产效率低于国际水平，出口竞争力较弱
<0	该国为净供应国，具有较强的出口竞争力
=0	该国或者地区 j 类产品的生产效率与国际水平相当

4.1.2 显示性比较优势指数

显示性比较优势指数（RCA）最早由巴拉萨（Balassa，1965）提出，是衡量商品贸易竞争力的常用指标。代表的是一国某一商品出口额在该国出口总额中所占的比重与世界贸易中该商品出口额占世界贸易出口总额的比重之比，较好地体现了一国产品在世界出口贸易中的竞争强度，计算公式为：

$$RCA_{ij} = (X_{ij}/X_{it})/(X_{rj}/X_{rt}) \qquad (4-2)$$

其中，RCA_{ij} 代表 i 国 j 类商品的显示性比较优势指数，X_{ij} 代表 i 国 j 类上商品的出口额，X_{it} 代表 i 国所有商品的出口额，X_{rj} 代表世界（区域）商品的出口额，X_{rt} 代表世界（区域）所有商品的出口额。

RCA 指数的数值含义如表 4-2 所示。

表 4-2　　　　　　RCA 指数的数值含义

RCA 指数	代表含义
0 < RCA < 0.8	竞争力弱
0.8 < RCA < 1.25	竞争力中等
1.25 < RCA < 2.5	竞争力较强
RCA > 2.5	竞争力强

4.1.3 显示性竞争优势指数

相比显示性比较优势指数考虑了某类商品出口额所占的比重，显示性竞争优势指数（CA）从出口的比较优势中减去某类商品进口的比较优势，从而得到某类商品真正的竞争优势。

$$CA_{ij} = RCA_{ij} - (X_{ij}/X_{it})/(X_{rj}/X_{rt}) \quad (4-3)$$

式 (4-3) 中，CA_{ij} 表示一国商品在另一市场的显示性竞争优势指数，X_{ij} 代表某国 j 类产品的进口额，X_{it} 表明某国所有商品的进口总额，X_{rj} 代表对应国家 j 类产品的进口额，X_{rt} 表示对应国家所有商品的进口总额。这个指标数值越大，表明竞争优势越强。如果 CA≥0，表明某类商品具有显示性竞争优势，数值越大，竞争优势越明显；如果 CA<0，则说明该地区此类产品不具有显示性竞争优势。特别注意的是，该指标显示贸易过程中的比较优势，反映的是贸易的结果，如果在贸易中遇到壁垒的话，这个数值与真实贸易情况会存在不一致的现象。

4.1.4 出口增长优势指数

出口增长优势指数（Dt）的含义是某商品出口增长率与出口贸易总额增长率的比例，这个指数越大，表明某类商品的出口增长越快，出口优势就比较明显；这个指数越小，表明某类商品的出口增长相比总出口总额的增长越慢，此类商品的出口优势越不明显，公式表示为：

$$Dt = X_{ij}/X_{it} \quad (4-4)$$

其中，Dt 表示一国商品在某一市场的出口增长优势指数，X_{ij} 表示 i 国 j 类商品的产品出口增长率，X_{it} 表示 i 国商品总的出口贸易增长率。

4.1.5 贸易互补性指数

贸易互补性指数是由经济学家德赖斯代尔提出的，通常用来计算两个国家或地区在贸易往来方面的密切程度。其计算公式为：

$$C_{ij}^k = RCA_{xi}^k \times RCA_{mj}^k \quad (4-5)$$

其中，RCA_{xi}^k 表示用出口来衡量的 i 国在 k 产品上的比较优势，具体为 $RCA_{xi}^k = (X_i^k/X_i)/(W_k/W)$；$RCA_{mj}^k$ 表示用进口来衡量的 j 国在 k 产品上的比较优势，具体为 $RCA_{mj}^k = (M_j^k/M_j)/(W_k/W)$。X 和 M 分别代表出口和进口，W 代表世界出口总额。一般来说，C_{ij}^k 数值越大，说明两国贸易互补性越强；C_{ij}^k 数值越小，则说明两国贸易互补性越弱。[1]

---

[1] 刘志中. "一带一路"战略下中俄双边贸易的竞争性、互补性及发展潜力 [J]. 经济问题探索，2017（7）：97.

4.2 中国对阿拉伯国家农产品出口贸易竞争力和互补性分析

为准确把握中国农产品在阿拉伯国家出口竞争力以及相互之间的贸易互补的基本状况,本书选取以上五类竞争力指标对中国出口阿拉伯国家农产品竞争力和互补性进行了评价。

4.2.1 基于贸易竞争力(TC)指数的分析

贸易竞争力指数均在 -1~1 之间。其值越接近于0,表示竞争力越接近于平均水平;该指数为 -1 时,表示该产业只进口不出口,越接近于 -1 表示竞争力越薄弱;该指数为1时,表示该产业只出口不进口,越接近于1则表示竞争力越大。

2006年,中国对阿拉伯国家农产品出口额仅为9.386亿美元,到2016年增长至21.367亿美元,在不考虑通货膨胀和汇率的情况下,中国出口到阿拉伯国家的农产品出口贸易额增长了2倍多,表现出较好的发展势头。从农产品总体来看,自2006年以来,中国农产品的竞争力指数一直在0.77~0.83这个区间内波动,说明中国的农产品在阿拉伯国家具有一定的竞争力。巴西、印度、阿根廷、乌克兰、澳大利亚和新西兰这些国家TC指数一直大于0.9,甚至大部分年份接近1,这表明这几个国家的农产品在阿拉伯国家竞争力最强。加拿大和美国处于第二个层次,这两个国家TC指数一直大于0.8,个别年份超过了0.9,表明其产品具有较强竞争力。德国和中国处于第三个层次,TC指数都大于0.7,中国2010年和2016年的TC值均超过了0.8。荷兰2006年TC指数达到了0.8324,但是之后就一直下滑,2016年其TC指数只有0.6383。土耳其和俄罗斯则相反,这两个国家TC指数是在逐步上升的。从上述分析可以看出,与阿拉伯国家其他主要贸易伙伴国相比,中国的TC指数相对偏低,处于较低水平,这表明中国农产品在阿拉伯国家市场的贸易竞争力相对偏弱。如表4-3所示。

表4-3　主要贸易伙伴国农产品在阿拉伯国家的贸易竞争力指数（TC）

国家	2006年	2010年	2012年	2016年
巴西	0.9813	0.9886	0.9904	0.9738
印度	0.9739	0.8882	0.9495	0.9386
美国	0.8744	0.8895	0.8811	0.8299
法国	0.5267	0.6738	0.6571	0.5736
阿根廷	0.9978	0.9983	0.9992	0.9991
德国	0.7852	0.7729	0.7724	0.7717
乌克兰	0.9878	0.9443	0.9659	0.9786
荷兰	0.8324	0.6683	0.6989	0.6383
土耳其	0.6847	0.6858	0.7457	0.7496
澳大利亚	0.9712	0.9810	0.9759	0.9648
西班牙	-0.2563	0.0731	0.2747	0.1716
俄罗斯	0.3845	0.5767	0.7248	0.6183
加拿大	0.8530	0.8775	0.9217	0.8715
新西兰	0.9869	0.9972	0.9969	0.9912
中国	0.7461	0.8055	0.7792	0.8364

资料来源：根据联合国国际贸易数据库数据整理计算，分类依据：HS1。

为更清楚地考察中国农产品在阿拉伯国家市场的贸易竞争力，本书对HS2位编码的24类农产品的贸易竞争力指数分别进行了计算，具体结果如表4-4所示。据表4-4中数据可知：2006年，有11类农产品贸易竞争力指数为1，表示这几类产品在2006年只出口不进口，是竞争力很大的产品，包括"活动物（01）""乳品、蛋品；天然蜂蜜；其他食用动物产品""活树及其他活植物；鳞茎、根及类似品；插花及装饰用簇叶（06）""食用蔬菜、根及块茎（07）""咖啡、茶、马黛茶及调味香料（09）""谷物（10）""制粉工业产品；麦芽；淀粉；菊粉；面筋（11）""含油子仁及果实；杂项子仁及果仁；工业用或药用植物；稻草、秸秆及饲料（12）""虫胶；树胶、树脂及其他植物液、汁（13）""食品工业的残渣及废料；配制的动物饲料（23）""烟草、烟草及烟草代用品的制品（24）"。有两类产品贸易竞争力指数小于0，"鱼；甲壳动物；软体动物及其他水生无脊椎动物（03）"和"编结用植物材料；其他植物产品（14）"，这表明这两类产品中国不具有竞争力。其他产品贸易竞争力指数都在 0.86 ~ 0.99 之间，这表明中国这些产品在阿拉伯国家市场具有较强的竞争力。2016 年，有 4 类产品的贸易竞争力指数为 1，这 4 类产品分别为"其他动物产品（05）""食用蔬菜、根及块茎（07）""咖啡、茶、马黛茶及调味香料（09）"和"谷物（10）"。有两类产品的贸易竞争力指数为负值，表示这几类产品在阿拉伯国家的竞争力较弱，包括"动、植物油、脂及其分解产品；精制的食用油脂；动、植物蜡（15）"和"食品工业的残渣及废料；配制的动物饲料（23）"。相比 2006 年，有一些农产品贸易竞争力指数出现了较大的变化，下降比较明显的是："乳品、蛋品；天然蜂蜜；其他食用动物产品（04）""食用水果及坚果；甜瓜或柑橘属水果的果皮（08）""动、植物油、脂及其分解产品；精制的食用油脂；动、植物蜡（15）""食品工业的残渣及废料；配制的动物饲料（23）"尤其是后两类产品贸易竞争力指数下降为负值了，表明竞争力变得非常弱。贸易竞争力指数上升明显的产品是"编结用植物材料；其他植物产品（14）"。其他产品贸易竞争力指数变动不大。需要注意的是乳制品和蜂蜜、水果类产品一直是中国的优势产品，但目前竞争力下降较多。

表 4-4　2016 年中国农产品与食品在阿拉伯国家市场的贸易竞争力指数（TC）

产品代码	产品名称	2006 年	2010 年	2012 年	2016 年
01	活动物	1.00	0.98	-0.92	0.97
02	肉及食用杂碎	0.97	0.81	0.99	0.99
03	鱼；甲壳动物；软体动物及其他水生无脊椎动物	-0.51	0.22	0.14	0.35
04	乳品、蛋品；天然蜂蜜；其他食用动物产品	1.00	0.95	0.95	0.54
05	其他动物产品	0.88	0.97	1.00	1.00
06	活树及其他活植物；鳞茎、根及类似品；插花及装饰用簇叶	1.00	0.97	0.98	0.99
07	食用蔬菜、根及块茎	1.00	1.00	0.98	1.00
08	食用水果及坚果；甜瓜或柑橘属水果的果皮	0.94	0.94	0.94	0.49
09	咖啡、茶、马黛茶及调味香料	1.00	1.00	1.00	1.00

续表

产品代码	产品名称	2006年	2010年	2012年	2016年
10	谷物	1.00	0.98	1.00	1.00
11	制粉工业产品；麦芽；淀粉；菊粉；面筋	1.00	1.00	0.99	0.95
12	含油子仁及果实；杂项子仁及果仁；工业用或药用植物；稻草、秸秆及饲料	1.00	1.00	0.69	0.99
13	虫胶；树胶、树脂及其他植物液、汁	1.00	0.67	0.22	0.85
14	编结用植物材料；其他植物产品	-0.76	-0.84	0.99	0.99
15	动、植物油、脂及其分解产品；精制的食用油脂；动、植物蜡	0.98	0.26	0.04	-0.55
16	肉、鱼、甲壳动物、软体动物及其他水生无脊椎动物制品	0.86	0.96	0.98	0.89
17	糖及糖食	0.94	0.97	0.99	0.92
18	可可及可可制品	0.93	0.99	0.97	0.96
19	谷物、粮食粉、淀粉或乳的制品；糕饼点心	0.96	0.88	0.90	0.79
20	蔬菜、水果、坚果或植物其他部分的制品	0.99	0.99	0.97	0.99
21	杂项食品	0.98	1.00	1.00	0.99
22	饮料、酒及醋	0.99	0.95	0.90	0.95
23	食品工业的残渣及废料；配制的动物饲料	1.00	0.93	0.78	-0.11
24	烟草、烟草及烟草代用品的制品	1.00	0.98	1.00	0.98

资料来源：根据联合国国际贸易数据库数据整理计算，分类依据：HS1。

4.2.2 基于显示性比较优势指数RCA的分析

从中国对阿拉伯国家出口农产品的显示性比较优势指数来看，RCA指数均大于0，小于0.3，这表明中国农产品在阿拉伯国家市场竞争力弱。而且，2006～2016年，中国出口农产品的显示性比较优势指数呈下降趋势，2006年最大为0.2731，2016年该指数下降为0.1710，这说明中国农产品出口优势不断弱化。相反,巴西、阿根廷、乌克兰、荷兰、澳大利亚、加拿大和新西兰这些国家 RCA 指数大部分年份都大于 2.5,尤其新西兰甚至超过了 7,这些国家农产品在阿拉伯国家竞争力非常强。法国大部分年份 RCA 指数超过 1.25,表明其竞争力较强。印度和俄罗斯 RCA 指数呈上升趋势,尤其是俄罗斯,从 2006 年的 0.6836 上升到 2016 年的 2.2338,上升幅度较大,这两个国家农产品在阿拉伯国家市场竞争力较强。土耳其和西班牙这些国家 RCA 指数也呈上升趋势,竞争力中等。美国和中国一样 RCA 指数呈下降趋势,2006 年达到 1.0531,2016 年仅为 0.7147,呈现出较弱竞争力。如表 4-5 所示。

表 4-5　中国 01~24 类农产品在阿拉伯国家的显示性比较优势指数(RCA)

国家	2006 年	2010 年	2012 年	2016 年
巴西	6.1192	4.8037	5.1714	5.8988
印度	1.2027	1.1225	1.1912	1.4475
美国	1.0531	1.1182	0.8395	0.7147
法国	1.0260	1.3855	1.3222	1.4342
阿根廷	6.4347	6.9594	7.2728	7.7218
德国	0.4367	0.5303	0.5239	0.5600
乌克兰	2.8050	3.4815	4.2283	4.7104
荷兰	2.7824	2.2818	2.1667	2.6831
土耳其	0.7582	0.6997	0.5118	1.0572
澳大利亚	3.1081	2.9721	3.2037	3.1076
西班牙	0.7357	0.6728	0.7628	0.9187
俄罗斯	0.6836	1.4965	2.1385	2.2338
加拿大	2.9015	2.3096	2.7406	2.9575
新西兰	7.8975	7.1479	7.6095	7.8165
中国	0.2731	0.2050	0.1613	0.1710

资料来源:根据联合国国际贸易数据库数据整理计算,分类依据:HS1。

2006 年,中国 24 类农产品中只有两类产品显示性比较优势指数大于 1.25,即:"咖啡、茶、马黛茶及调味香料(09)"和"蔬菜、水果、坚果或植物其他部分的制品(20)",这两类产品竞争力较强。大于 0.8 的产品只有"食用蔬菜、根及块茎（07）"，表明其竞争力中等。剩下的产品 RCA 指数都小于 0.8，表明竞争力比较弱。2016 年，RCA 指数没有大于 1.25 的产品，大于 0.8 的产品仅有"咖啡、茶、马黛茶及调味香料（09）"，即竞争力中等，其他产品竞争力较弱。与 2006 年相比，2016 年大部分产品 RCA 指数出现了下降，个别产品 RCA 指数有所上升，但是上升幅度也不大，都在低水平徘徊。所以总体来看，2016 年中国 24 类农产品在阿拉伯国家普遍不具有竞争力，仅有"咖啡、茶、马黛茶及调味香料"具有竞争力，而且与前几年相比，竞争力还存在不断下降的趋势，形势堪忧。如表 4-6 所示。

表 4-6　中国 01~24 类农产品在阿拉伯国家的显示性比较优势指数（RCA）

产品代码	产品名称	2006 年	2010 年	2012 年	2016 年
01	活动物	0.09	0.00	0.00	0.01
02	肉及食用杂碎	0.38	0.13	0.02	0.02
03	鱼；甲壳动物；软体动物及其他水生无脊椎动物	0.31	0.46	0.39	0.37
04	乳品、蛋品；天然蜂蜜；其他食用动物产品	0.01	0.01	0.01	0.01
05	其他动物产品	0.43	0.73	0.89	0.67
06	活树及其他活植物；鳞茎、根及类似品；插花及装饰用簇叶	0.16	0.26	0.17	0.18
07	食用蔬菜、根及块茎	0.94	0.85	0.66	0.67
08	食用水果及坚果；甜瓜或柑橘属水果的果皮	0.34	0.34	0.22	0.11
09	咖啡、茶、马黛茶及调味香料	1.34	0.86	0.78	0.94
10	谷物	0.02	0.01	0.00	0.00
11	制粉工业产品；麦芽；淀粉；菊粉；面筋	0.11	0.15	0.06	0.09
12	含油子仁及果实；杂项子仁及果仁；工业用或药用植物；稻草、秸秆及饲料	1.12	0.64	0.52	0.60
13	虫胶；树胶、树脂及其他植物液、汁	1.00	0.58	0.32	0.51
14	编结用植物材料；其他植物产品	0.46	0.47	0.34	0.32

续表

产品代码	产品名称	2006年	2010年	2012年	2016年
15	动、植物油、脂及其分解产品；精制的食用油脂；动、植物蜡	0.28	0.02	0.04	0.01
16	肉、鱼、甲壳动物、软体动物及其他水生无脊椎动物制品	0.11	0.11	0.10	0.13
17	糖及糖食	0.12	0.13	0.10	0.14
18	可可及可可制品	0.09	0.10	0.09	0.08
19	谷物、粮食粉、淀粉或乳的制品；糕饼点心	0.08	0.06	0.05	0.04
20	蔬菜、水果、坚果或植物其他部分的制品	1.31	1.21	1.09	0.66
21	杂项食品	0.09	0.20	0.18	0.12
22	饮料、酒及醋	0.09	0.07	0.08	0.09
23	食品工业的残渣及废料；配制的动物饲料	0.03	0.05	0.05	0.07
24	烟草、烟草及烟草代用品的制品	0.16	0.16	0.22	0.31

资料来源：根据联合国国际贸易数据库数据整理计算，分类依据：HS1。

4.2.3 基于显示性竞争优势指数的分析

2006年，中国农产品在阿拉伯国家市场的显示性竞争优势指数为-0.3031，这表明相对比较来看，中国农产品在该市场不具有显示性竞争优势。不过从趋势来看，状况在逐渐改变，这一指数值不断在上升，到2016年为-0.0194。总体来看，中国产品不具有竞争优势。2006年同期，巴西、印度、美国、阿根廷、乌克兰、荷兰、澳大利亚、加拿大和新西兰这些国家CA指数大于0，表明这些国家农产品在阿拉伯国家具有较强竞争优势。法国、德国、土耳其、西班牙、俄罗斯和中国一样产品不具有竞争优势。到2016年，变化比较大的是：美国、乌克兰和荷兰这三个国家的显示性竞争优势指数急剧下降，都小于0，这表明它们的农产品竞争优势下降了，且不具有竞争优势。而阿根廷和澳大利亚的CA指数则进一步上升，表明这些国家的农产品竞争力进一步加强。如表4-7所示。

表 4-7　　中国农产品在阿拉伯国家的显示性竞争优势指数（CA）

国家	2006 年	2010 年	2012 年	2016 年
巴西	5.4086	4.4459	4.8232	4.9686
印度	1.0382	0.6842	0.9784	1.1516
美国	0.4998	0.4201	-0.2064	-0.4038
法国	-1.6498	-0.4577	-1.5050	-1.2599
阿根廷	5.6863	6.3061	6.5790	7.6109
德国	-2.8864	-1.4442	-3.7696	-2.4864
乌克兰	0.2337	-9.9200	-11.0017	-0.9576
荷兰	1.4591	0.4023	-0.3728	-1.1937
土耳其	-0.9233	-0.5819	-0.4178	-0.1956
澳大利亚	0.9773	2.0616	2.1120	2.1140
西班牙	-3.7082	-1.1342	-1.7436	-2.9365
俄罗斯	-22.7770	-27.6794	-34.4965	-13.9989
加拿大	2.1304	1.3874	2.0554	1.0009
新西兰	7.2904	7.0437	7.4290	7.2145
中国	-0.3031	-0.0379	-0.2361	-0.0194

资料来源：根据联合国国际贸易数据库数据整理计算，分类依据：HS1。

由 2006 年中国出口 24 类农产品在阿拉伯国家的显示性竞争优势指数可知，大部分农产品的显示性竞争优势指数数值都大于 0，但是指数都不高，也即具有显示性竞争优势但优势不大。"肉及食用杂碎（02）""鱼；甲壳动物；软体动物及其他水生无脊椎动物（03）""编结用植物材料；其他植物产品（14）"的 CA 指数小于 0，表明这 3 类产品没有竞争优势。到 2016 年，大部分产品的 CA 指数都出现了下降，说明中国各类农产品竞争力在不断下降。同时，同期显示性竞争优势指数小于 0 的产品增加了，有 6 类产品 CA 指数都小于 0，除了鱼类产品，乳制品和蜂蜜、水果、动植物油脂、谷物制品、食品工业的残渣及废料的 CA 指数都下降到 0 以下了。这表明从总体看变动趋势，中国农产品竞争力在不断下降，而且竞争力下降的农产品种类越来越多。如表 4-8 所示

表 4-8　中国 01~24 类农产品在阿拉伯国家的显示性竞争优势指数（CA）

产品代码	产品名称	2006 年	2010 年	2012 年	2016 年
01	活动物	0.09	0.00	0.00	0.01
02	肉及食用杂碎	-0.18	-1.18	1.53	0.01
03	鱼；甲壳动物；软体动物及其他水生无脊椎动物	-1.66	-0.32	0.35	-0.19
04	乳品、蛋品；天然蜂蜜；其他食用动物产品	0.01	0.01	2.70	-0.02
05	其他动物产品	0.34	0.69	738.60	0.66
06	活树及其他活植物；鳞茎、根及类似品；插花及装饰用簇叶	0.16	0.23	10.61	0.17
07	食用蔬菜、根及块茎	0.94	0.85	12.58	0.67
08	食用水果及坚果；甜瓜或柑橘属水果的果皮	0.23	0.29	3.57	-0.16
09	咖啡、茶、马黛茶及调味香料	1.34	0.84	22.83	0.89
10	谷物	0.02	0.00	53.14	0.00
11	制粉工业产品；麦芽；淀粉；菊粉；面筋	0.11	0.15	11.46	0.07
12	含油子仁及果实；杂项子仁及果仁；工业用或药用植物；稻草、秸秆及饲料	1.09	0.61	0.16	0.51
13	虫胶；树胶、树脂及其他植物液、汁	1.00	0.44	0.52	0.32
14	编结用植物材料；其他植物产品	-19.93	-13.52	7.16	0.28
15	动、植物油、脂及其分解产品；精制的食用油脂；动、植物蜡	0.26	-0.09	0.06	-0.34
16	肉、鱼、甲壳动物、软体动物及其他水生无脊椎动物制品	0.08	0.10	12.43	0.09
17	糖及糖食	0.05	0.11	14.28	0.10
18	可可及可可制品	0.05	0.09	3.72	0.06
19	谷物、粮食粉、淀粉或乳的制品；糕饼点心	0.06	0.02	1.41	-0.02
20	蔬菜、水果、坚果或植物其他部分的制品	1.26	1.19	8.35	0.63

续表

产品代码	产品名称	2006年	2010年	2012年	2016年
21	杂项食品	0.06	0.20	29.21	0.11
22	饮料、酒及醋	0.08	0.06	1.15	0.06
23	食品工业的残渣及废料；配制的动物饲料	0.03	0.02	0.27	-1.50
24	烟草、烟草及烟草代用品的制品	0.16	0.11	9565.78	0.26

资料来源：根据联合国国际贸易数据库数据整理计算，分类依据：HS1。

4.2.4 基于出口增长优势指数的分析

当出口增长优势指数大于0时，表示该产品的国际竞争力在报告期上升；反之，表明其国际竞争力在报告期下降。

2006年中国出口增长优势指数为0.7964，这表明在这一年中国对阿拉伯国家出口农产品国际竞争力在上升。2010年这个指数超过了1，这意味着中国农产品出口增速超过了对阿拉伯国家全部产品出口的增长速度。但是，这一指数自2012年开始下降，2016年仅为0.3956，也就是说中国农产品出口增速相对变慢了。

在2006年，出口增长优势指数最大的国家为乌克兰，其次是加拿大、澳大利亚、印度、巴西、荷兰和西班牙。它们的 Dt 指数都超过了1，说明这些国家这一年在阿拉伯国家农产品出口的增长速度超过了全部产品出口增速，竞争力上升。法国、阿根廷和俄罗斯由于出口增长优势指数小于0，说明它们农产品在阿拉伯国家市场竞争力在下降。2016年，表4-9所示国家的出口增长优势指数都大于0，说明在这个时期，其农产品国际竞争力都在上升，尤其是土耳其、德国、印度和阿根廷它们的指数大于4，表明农产品出口相对增幅非常大，国际竞争力上升比较显著。美国、法国、西班牙、俄罗斯增幅相对也较大。但是，巴西、乌克兰、荷兰、加拿大和中国增幅相对较小。

表4-9　　中国出口农产品在阿拉伯国家的出口增长优势指数（Dt）

国家	2006年	2010年	2012年	2016年
巴西	1.2657	0.5873	0.2671	0.7181

续表

国家	2006 年	2010 年	2012 年	2016 年
印度	1.3059	0.6302	-5.6965	4.2336
美国	0.6892	1.8636	-0.8916	2.5140
法国	-0.0778	2.7776	-10.2468	1.1985
阿根廷	-25.2135	1.1748	1.3191	4.0968
德国	0.0534	2.0529	0.4945	4.6824
乌克兰	3.3557	-23.5690	1.3990	0.4232
荷兰	1.0599	1.0186	0.1603	0.6525
土耳其	0.9649	1.5780	0.2808	6.4639
澳大利亚	1.3739	1.1337	-0.3600	1.3395
西班牙	1.0016	2.0441	1.4047	1.8128
俄罗斯	-4.5722	-0.8598	1.6943	1.2555
加拿大	1.9317	-5.8595	0.1775	0.6513
新西兰	0.9371	1.1527	1.0223	1.0212
中国	0.7964	1.2232	0.0301	0.3956

资料来源：根据联合国国际贸易数据库数据整理计算，分类依据：HS1。

从表4-10可知，2006年中国01～24类农产品中，只有"其他动物产品"出口增长优势指数为负值，表明其国际竞争力下降了；其他23类产品出口增长优势指数都大于0，国际竞争力都在上升，而且有一些产品出口增幅相对于全部出口产品的增幅非常大，如"食品工业的残渣及废料，配制的动物饲料（23）""谷物（10）""虫胶；树胶、树脂及其他植物液、汁（13）""鱼；甲壳动物；软体动物及其他水生无脊椎动物（03）"，这些产品国际竞争力处于急剧上升时期。到2016年，情况发生了较大的变化，出口增长优势指数小于0的产品大量出现，有13类产品的指数小于0，也就是说这13类产品竞争力处于下降状态。其中，下降幅度特别大的产品是"活动物""动、植物油、脂及其分解产品；精制的食用油脂；动、植物蜡（15）""鱼；甲壳动物；软体动物及其他水生无脊椎动物（03）""编结用植物材料；其他植物产品（14）""食用水果及坚果，甜瓜或柑橘属水果的果皮（08）""乳品、蛋品；天然蜂蜜；其他食用动物产品（04）"下降幅度比较大，竞争力在下降。竞争力上升比较大的产品主要有:"杂项食品(21)""食用蔬菜、根及块茎(07)""肉、鱼、甲壳动物、软体动物及其他水生无脊椎动物(16)""蔬菜、水果、坚果或植物其他部分的制品(20)""糖及糖食(17)"等。

表4-10　　中国01~24类农产品在阿拉伯国家的出口增长优势指数(Dt)

产品代码	产品名称	2006年	2010年	2012年	2016年
01	活动物	5.95	-0.73	-10.26	-2560.65
02	肉及食用杂碎	2.06	3.37	-6.94	1.90
03	鱼;甲壳动物;软体动物及其他水生无脊椎动物	13.80	1.73	-2.10	-12.06
04	乳品、蛋品;天然蜂蜜;其他食用动物产品	1.17	-2.29	22.28	-6.54
05	其他动物产品	-0.46	10.35	5.79	-0.75
06	活树及其他活植物;鳞茎、根及类似品;插花及装饰用簇叶	5.23	2.30	2.08	1.23
07	食用蔬菜、根及块茎	0.88	1.93	3.76	8.43
08	食用水果及坚果;甜瓜或柑橘属水果的果皮	1.16	0.10	1.11	-6.61
09	咖啡、茶、马黛茶及调味香料	0.71	0.52	0.17	0.37
10	谷物	194.98	-1.19	15.02	-2.17
11	制粉工业产品;麦芽;淀粉;菊粉;面筋	6.39	1.19	-0.24	0.17
12	含油子仁及果实;杂项子仁及果仁;工业用或药用植物;稻草、秸秆及饲料	1.65	-17.03	2.49	0.49
13	虫胶;树胶、树脂及其他植物液、汁	19.13	1.80	0.27	-0.57
14	编结用植物材料;其他植物产品	0.17	-4.18	-1.03	-8.65
15	动、植物油、脂及其分解产品;精制的食用油脂;动、植物蜡	5.64	-2.59	6.42	-51.03
16	肉、鱼、甲壳动物、软体动物及其他水生无脊椎动物制品	0.28	0.10	2.51	5.85
17	糖及糖食	0.87	0.73	1.14	2.75
18	可可及可可制品	4.22	5.52	0.60	-1.28

续表

产品代码	产品名称	2006 年	2010 年	2012 年	2016 年
19	谷物、粮食粉、淀粉或乳的制品；糕饼点心	1.52	0.24	-0.20	-1.52
20	蔬菜、水果、坚果或植物其他部分的制品	1.38	0.60	3.37	4.61
21	杂项食品	1.54	0.65	2.75	16.87
22	饮料、酒及醋	3.87	0.60	1.47	2.07
23	食品工业的残渣及废料；配制的动物饲料	312.41	0.06	0.68	-2.89
24	烟草、烟草及烟草代用品的制品	8.12	2.27	2.60	-2.74

资料来源：根据联合国国际贸易数据库数据整理计算，分类依据：HS1。

4.2.5 基于贸易互补性指数的分析

贸易互补性用来衡量一个国家某种产品的出口和另一个国家的进口的吻合程度。一般说来，当贸易互补性指数的值大于 1 时，说明两国之间在某种商品上存在贸易互补性；当贸易互补性指数的值小于 1 时，结论则相反。

从表 4-11 可以看出，2006 年与阿拉伯国家贸易互补性较大的国家依次是新西兰、巴西、澳大利亚、荷兰、西班牙等。在这 15 个国家中，只有俄罗斯和中国与阿拉伯国家的贸易互补性指数低于 1，这说明除了这两个国家，其他国家都与阿拉伯国家具有较强的贸易互补性。到 2016 年，与阿拉伯国家的贸易互补性最强的依然是新西兰，但阿根廷超过巴西位居第 2，乌克兰位居第 3，巴西退居第 4。俄罗斯、德国和中国的贸易互补性指数小于 1，与阿拉伯国家贸易互补性较弱。2006 年中国与阿拉伯国家农产品贸易互补性指数是 0.7407，这意味着双方农产品贸易互补性不强。而且，随着时间的推移，双方互补性还在不断下降，2016 年，双方农产品贸易互补性指数下降到了 0.5026。这说明总体上中国与阿拉伯国家农产品贸易互补性不足。

表 4-11 中国与阿拉伯国家的农产品贸易互补性指数

国家	2006 年	2010 年	2012 年	2016 年
巴西	6.2123	6.2169	6.2680	5.6079

续表

国家	2006 年	2010 年	2012 年	2016 年
印度	2.3644	2.0323	2.6825	1.8252
美国	1.9184	2.1391	2.0303	1.6929
法国	2.6291	2.5107	2.4562	1.9354
阿根廷	2.6291	9.9094	9.6898	9.2662
德国	1.0852	1.0890	1.0928	0.8562
乌克兰	2.9014	3.8283	4.7731	6.1292
荷兰	3.3722	3.1214	3.1586	2.9840
土耳其	2.2295	2.1118	1.8627	1.6836
澳大利亚	3.6854	2.2965	2.5033	2.3356
西班牙	3.2812	3.0920	2.9223	2.5547
俄罗斯	0.3829	0.3788	0.5901	0.8718
加拿大	1.7997	2.0796	1.9569	1.9459
新西兰	13.0829	11.6001	11.1569	9.4586
中国	0.7407	0.6091	0.5588	0.5026

资料来源：根据联合国国际贸易数据库数据整理计算，分类依据：HS1。

从具体大类农产品的贸易互补性来看：2006 年，中国的"活动物（01）""食用蔬菜、根及块茎（07）""咖啡、茶、马黛茶及调味香料（09）""谷物（10）""编结用植物材料，其他植物产品（14）""肉、鱼、甲壳动物、软体动物及其他水生无脊椎动物制品（16）"和"蔬菜、水果、坚果或植物其他部分的制品（20）"这 7 类产品贸易互补性指数都大于 1，表明中国在这 7 类产品上与阿拉伯国家具有较强的互补性，其他产品则互补性较弱。但是，经过 10 年的贸易发展，中国越来越多的大类产品与阿拉伯国家的贸易互补性在降低。2016 年，中国只在"食用蔬菜、根及块茎（07）""虫胶；树胶、树脂及其他植物液、汁（13）"和"蔬菜、水果、坚果或植物其他部分的制品（20）"这 3 类产品上与阿拉伯国家具有较强的贸易互补性，而其他 21 类产品都不具有贸易互补性。如表 4-12 所示。

表4-12　中国与阿拉伯国家01~24类农产品的贸易互补性指数

产品代码	产品名称	2006年	2010年	2012年	2016年
01	活动物	1.0500	0.7140	0.6169	0.7291
02	肉及食用杂碎	0.1795	0.1583	0.1176	0.0898
03	鱼；甲壳动物；软体动物及其他水生无脊椎动物	0.2926	0.4309	0.4175	0.4216
04	乳品、蛋品；天然蜂蜜；其他食用动物产品	0.2314	0.1325	0.1338	0.1385
05	其他动物产品	0.9451	0.7422	0.6567	0.4901
06	活树及其他活植物；鳞茎、根及类似品；插花及装饰用簇叶	0.0248	0.0293	0.0296	0.0492
07	食用蔬菜、根及块茎	1.6244	1.7842	1.2450	1.5323
08	食用水果及坚果；甜瓜或柑橘属水果的果皮	0.3679	0.4027	0.4315	0.4593
09	咖啡、茶、马黛茶及调味香料	1.3051	0.8436	0.6486	0.7855
10	谷物	1.2548	0.3044	0.1417	0.1158
11	制粉工业产品；麦芽；淀粉；菊粉；面筋	0.4239	0.3322	0.2749	0.2198
12	含油子仁及果实；杂项子仁及果仁；工业用或药用植物；稻草、秸秆及饲料	0.4928	0.3104	0.2549	0.1631
13	虫胶；树胶、树脂及其他植物液、汁	0.2746	0.6204	0.2998	1.0467
14	编结用植物材料；其他植物产品	1.3694	0.4472	0.6421	0.5890
15	动、植物油、脂及其分解产品；精制的食用油脂；动、植物蜡	0.2070	0.0660	0.0699	0.0608
16	肉、鱼、甲壳动物、软体动物及其他水生无脊椎动物制品	1.3563	0.9714	1.0964	0.9795
17	糖及糖食	0.7293	0.6847	0.6294	0.5992
18	可可及可可制品	0.0666	0.0433	0.0635	0.0694
19	谷物、粮食粉、淀粉或乳的制品；糕饼点心	0.4280	0.3358	0.3079	0.2705
20	蔬菜、水果、坚果或植物其他部分的制品	1.4589	1.2269	1.2149	1.0140

续表

产品代码	产品名称	2006年	2010年	2012年	2016年
21	杂项食品	0.5906	0.4506	0.5139	0.5274
22	饮料、酒及醋	0.0828	0.0487	0.0545	0.0611
23	食品工业的残渣及废料；配制的动物饲料	0.1849	0.3341	0.3657	0.3340
24	烟草、烟草及烟草代用品的制品	0.5343	0.5496	0.6472	0.5690

资料来源：根据联合国国际贸易数据库数据整理计算，分类依据：HS1。

4.3 结　　论

阿拉伯国家农产品进口市场规模较大，各国都非常重视，尤其是农业生产技术水平较高、资源禀赋状况比较好的国家更是瞄准这一市场，积极争取市场份额的扩大，因此，这一市场竞争非常激烈，各国的竞争实力也此消彼伏。由以上不同指标、不同维度的统计分析，可以得到以下结论。

4.3.1 中国农产品在阿拉伯国家市场整体竞争力较弱，且竞争力下降趋势明显

在阿拉伯国家市场农产品竞争力较强的国家主要有巴西、印度、阿根廷、乌克兰、澳大利亚和新西兰等，无论从贸易竞争力指数还是显示性比较优势指数看，它们都处于竞争层级的第一级。德国、法国等一些欧洲国家、俄罗斯和中国的农产品在阿拉伯国家具有一定的竞争力，但中国农产品在阿拉伯国家市场的贸易竞争力相对偏弱。而且自2012年开始中国农产品出口增速相对变慢，出现竞争力下降趋势。

4.3.2 中国劳动力密集型农产品在阿拉伯国家市场具有一定竞争力

中国大类农产品在阿拉伯国家市场比较具有竞争力的主要是"食用蔬菜、根及块茎（07）""咖啡、茶、马黛茶及调味香料（09）""乳品、蛋品；天然蜂蜜；其他食用动物产品（04）""蔬菜、水果、坚果或植物其

他部分的制品（20）"等。这些产品大部分是劳动密集型产品，也是中国具有比较优势的产品。而谷物等土地密集型的产品中国则不具有比较优势，因此竞争力比较弱。但是，从发展趋势来看，中国具有竞争力的优势产品其优势也在逐步下降，而且竞争力下降的农产品种类越来越多。这是特别需要注意的。

4.3.3 中国与阿拉伯国家农产品互补性较弱，且互补性在下降

从总体来看，与阿拉伯国家贸易互补性较大的国家依次是新西兰、巴西、澳大利亚、荷兰、西班牙等，但中国与阿拉伯国家的贸易互补性指数低于1，双方农产品贸易互补性不强。而且，随着时间的推移，双方互补性还在不断下降，2016年，双方农产品贸易互补性指数下降到了0.5026。

从具体大类农产品的贸易互补性来看，中国与阿拉伯国家互补性较强的产品2006年种类超过1/4，主要包括活动物、蔬菜、咖啡、茶等，但是，到2016年中国只在"食用蔬菜、根及块茎（07）""虫胶；树胶、树脂及其他植物液、汁（13）"和"蔬菜、水果、坚果或植物其他部分的制品（20）"这3类产品上与阿拉伯国家具有较强的贸易互补性。这表明双方互补性在不断下降。

第 5 章

中国农产品出口贸易格局及贸易竞争力

从上述中国对阿拉伯国家农产品出口贸易的发展、格局和竞争力来看,中国农产品在阿拉伯国家进口市场竞争力是在不断下降的,贸易规模没有随着中国在世界经济地位的上升而上升,出口规模也没有因为阿拉伯国家进口需求的扩大而相应扩大。背后的原因是多方面的,需要我们进行深入研究。而从中国农产品出口状况和竞争力这样一个大的背景出发,审视中国农产品出口的基本状况、特征和竞争力,将有助于我们理解和厘清中国对阿拉伯国家农产品出口出现上述"窘境"的原因。

5.1 中国农业产业发展和农产品生产基本状况

中国有五千年的历史文化发展,历史悠久的农耕文化在世界经济史中具有重要地位。中国是一个农业大国,农业生产一直是中国经济社会的重要组成部分。

5.1.1 中国农业发展战略与政策

在不同的历史阶段,农业生产的功能和使命是不同的。新中国成立后,中国农业生产首先面临的问题是如何解决 13 亿人口的温饱问题;20 世纪 80 年代,中国基本解决了占世界 1/5 人口的吃饭问题,中国农业生产进入了一个新的历史阶段。目前,随着经济社会形势的发展变化,中国农业生产已经解决了农产品总量供给不足问题,从支撑工业化进程、城镇化发展到进入小康社会的建设要求来看，中国农业发展面临的现实问题是农业产业结构调整和优化问题，即质量问题，也是由传统农业向现代农业转变的问题。党的十九大报告也指出中国特色社会主义进入新时代，我国社会主要矛盾已经转化为人民日益增长的美好生活需要和不平衡不充分的发展之间的矛盾，我国经济已由高速增长阶段转向高质量发展阶段。农业产业发展既是工业发展的基础，又是实现十九大报告所提出的重大经济社会目标的重要力量，也是解决"三农"问题的关键。为此，国家和政府高度关注农业发展问题，对农业发展制定了相应的战略，也出台了很多政策。

自改革开放以来，中共中央出台了20个一号文件，对农业生产、农民收入增加和农村发展等提出了高屋建瓴的发展规划和多项具有改变历史进程的变革性的政策。从1982年正式承认包产到户的合法性，到2018年对乡村振兴进行战略部署，作为国家重大经济战略积极推进和实施。其中，发展现代农业、科技兴农和推进农业供给侧结构性改革等一直是政策主基调。中央积极从制度改革、财政支持和科技引领等入手建立起促进农业生产和促进农民增收、农村发展的系统的政策体系。

目前，随着现代管理技术、农业生产力水平的提高等，中国农业生产组织规模化水平不断提高，农业与第二产业、第三产业融合发展程度越来越高，农业加工程度越来越高，现代大型农产品生产和加工企业经营能力不断提高。进入21世纪以来，"互联网+农业"发展模式逐渐兴起，新的产业和新的产业模式不断涌现。粮食实现连续产量增加，棉花、油料和糖料等产品生产也稳步发展，肉蛋奶、水产品和蔬菜等供应能力不断增强。在经济全球化背景下，随着农业产业实力的增强，农产品出口规模不断扩大；同时，随着人民群众收入水平的提高和消费需求的上升，农产品进口量也不断在增加。基于产业全球布局和资源配置考虑，中国农业开始"走出去"，2007年中央一号文件正式把农业"走出去"作为国家战略提出来，越来越多的企业到境外进行农业产业投资并取得了良好的收益。

5.1.2 中国主要农产品生产基本状况

中国是人口大国，农业生产的持续健康稳定发展关乎国家经济发展和社会发展的命脉。从中国统计局网站相关数据来看，中国农业生产总体发展态势良好。

分别从主要大宗农产品来看：粮食生产方面，2012~2017年，粮食产量逐年增长，2012年达到61222.62万吨，2017年增长到66160.72万吨。其中，谷物占比最大，2017年产量达到了61520.53万吨，比重达到了93%，比2012年增长了8.6%。豆类生产也实现了一定的增长，薯类出现了小幅下滑。此外，2017年油料、麻类、甜菜、茶叶和水果产量都比2012年有所增长，但是，棉花、甘蔗、烟叶和蚕茧则出现了下降，其中，甘蔗的下降幅度比较大，减少了1134.18万吨。如表5-1所示。

表5-1　　　　　2012~2017年主要农产品生产产量　　　　单位：万吨

指标	2012年	2013年	2014年	2015年	2016年	2017年
粮食	61222.62	63048.20	63964.83	66060.27	66043.52	66160.72
谷物	56659.03	58650.36	59601.54	61818.41	61666.53	61520.53
稻谷	20653.23	20628.56	20960.91	21214.19	21109.42	21267.59
小麦	12253.98	12371.03	12832.09	13263.93	13327.05	13433.39
玉米	22955.90	24845.32	24976.44	26499.22	26361.31	25907.07
豆类	1680.64	1542.40	1564.52	1512.52	1650.66	1841.56
薯类	2882.96	2855.45	2798.76	2729.35	2726.32	2798.62
油料	3285.62	3287.35	3371.92	3390.47	3400.05	3475.24
花生	1579.23	1608.24	1590.08	1596.13	1636.13	1709.23
油菜籽	1340.15	1352.34	1391.43	1385.92	1312.80	1327.41
芝麻	46.58	43.78	43.66	45.03	35.20	36.65
棉花	660.80	628.16	629.94	590.74	534.28	565.30
麻类	19.62	17.56	16.51	15.56	18.13	21.79
黄红麻	6.35	5.73	5.06	4.78	3.39	2.91
甘蔗	11574.61	11926.35	11578.82	10706.43	10321.54	10440.43
甜菜	877.20	628.66	509.91	508.79	854.49	938.41
烟叶	324.60	321.95	284.67	267.73	257.39	239.14
烤烟	302.31	304.02	269.68	249.52	244.50	227.87
蚕茧	83.74	81.80	81.46	81.20	80.34	81.74
桑蚕茧	76.67	74.73	74.37	74.11	73.77	75.09
茶叶	176.15	188.72	204.93	227.66	231.33	246.04
水果	22091.50	22748.10	23302.53	24524.62	24405.24	25241.90

资料来源：根据国家统计局《中国统计年鉴》数据整理。

2012~2017年肉类产量从8471.1万吨增加到8654.4万吨，增速为2.16%，其中，牛肉和羊肉的产量都在不断增加。奶类产品在这期间产量出现了下滑，2012年为3306.7万吨，2017年则下降为3148.6万吨，奶类产品主要是牛奶，而奶类产品产量的下降也主要是由牛奶下降造成的。从农副产品羊毛产量来看，绵羊毛产量有所增长，其中，主要产品是细羊毛和半细羊毛，这两大类产品产量都增加了。山羊绒产量也在不断增加，虽然增幅不大，但是，山羊粗毛产量出现了下降，2017年比2012年减少了7642万吨。禽蛋和蜂蜜产量都增加了，分别增长了7.31%和23.97%。如表5-2所示。

表5-2　　　　　　　　2012~2017年主要农产品生产产量

指标	2012年	2013年	2014年	2015年	2016年	2017年
肉类（万吨）	8471.1	8632.8	8817.9	8749.5	8628.3	8654.4
牛肉	614.7	613.1	615.7	616.9	616.9	634.6
羊肉	404.5	409.9	427.6	439.9	460.3	471.1
奶类（万吨）	3306.7	3118.9	3276.5	3295.5	3173.9	3148.6
牛奶	3174.9	3000.8	3159.9	3179.8	3064.0	3038.6
绵羊毛（吨）	393725	402081	407230	413134	411642	409353
细羊毛	124716	131730	122551	130537	129164	127921
半细羊毛	127313	128335	132693	134905	137973	133458
山羊粗毛（吨）	40505	40215	38655	35487	35785	32863
山羊绒（吨）	17211	17307	18465	18684	18844	17852
禽蛋（万吨）	2885.4	2905.5	2930.3	3046.1	3160.5	3096.3
蜂蜜（万吨）	43.8	43.7	46.3	47.3	55.5	54.3

资料来源：根据国家统计局《中国统计年鉴》数据整理。

2007~2017年水产品总产量从增长幅度比较大，从4747.52万吨增加到6445.33万吨，增幅达到了35.76%。海水产品和淡水产品大致各占半壁江山。其中，海水产品2017年产量为3321.74万吨，占比为51.54%，比2007年增长了30.22%；淡水产品2017年产量为3123.59万吨，占比为49.46%，2017年淡水产品产量与2007年相比，增幅比较大，增长了42.4%。如表5-3所示。

表 5-3　　　　　　　2007~2017 年主要农产品生产产量　　　　　　单位：万吨

指标	2007 年	2009 年	2010 年	2012 年	2014 年	2015 年	2016 年	2017 年
水产品总产量	4747.52	5116.40	5373.00	5481.85	5975.83	6182.87	6379.48	6445.33
海水产品	2550.89	2681.56	2797.53	2869.32	3110.17	3204.19	3301.26	3321.74
天然生产	1243.60	1276.33	1315.23	1294.12	1377.77	1407.63	1385.95	1321.04
人工养殖	1307.34	1405.22	1482.30	1575.20	1732.40	1796.56	1915.31	2000.70
鱼类	891.28	880.82	906.32	937.01	1016.44	1049.92	1063.15	1115.78
虾蟹类	298.94	303.59	310.44	345.69	382.95	386.28	396.09	370.71
贝类	1068.20	1120.02	1170.44	1264.78	1371.71	1413.98	1476.88	1481.42
藻类	138.84	148.41	156.60	179.04	202.89	211.50	219.32	224.78
其他	153.70	131.00	142.09	142.80	136.18	142.52	145.82	129.05
淡水产品	2196.63	2434.85	2575.47	2612.53	2865.66	2978.67	3078.22	3123.59
天然生产	225.64	218.39	228.94	204.02	202.49	199.34	200.33	218.30
人工养殖	1970.99	2216.46	2346.50	2408.51	2663.17	2779.34	2877.89	2905.29
鱼类	1908.49	2109.90	2225.64	2235.91	2470.67	2571.93	2653.77	2702.55
虾蟹类	202.07	228.83	248.13	268.69	288.74	300.16	316.11	320.79
贝类	50.50	51.96	53.80	53.96	51.45	51.63	52.53	46.67
其他	35.50	44.16	47.89	53.97	54.80	54.94	55.81	53.58

资料来源：根据中国统计局《中国统计年鉴》数据整理。

从各种农产品人均占有量来看，中国粮食人均占有量比较高，2013 年为 443.46 千克，2016 年达到 446.99 千克。油料、蛋类、奶类和水产品人均占有量自 2013 年以来都逐步上升，2016 年的水平都比 2013 年高。但是，棉花和糖料人均占有量是逐年下降的，尤其糖料人均占有量下降幅度比较大，下降了 11.6%。如表 5-4 所示。

表 5-4　　　　　　2013~2016 年主要大类农产品人均占有量　　　　　　单位：千克

名称	2013 年	2014 年	2015 年	2016 年
粮食人均占有量	443.46	444.95	453.20	446.99
棉花人均占有量	4.64	4.53	4.09	3.84

续表

名称	2013 年	2014 年	2015 年	2016 年
油料人均占有量	25.91	25.71	25.79	26.33
糖料人均占有量	101.27	97.94	91.16	89.51
肉类人均占有量	62.88	63.82	62.90	61.90
蛋类人均占有量	21.19	21.21	21.87	22.45
奶类人均占有量	26.89	28.16	28.23	26.93
水产品人均占有量	45.47	47.36	48.86	50.60

资料来源：根据中国统计局《中国统计年鉴》数据整理。

虽然总体来看，中国的大部分大类农产品生产能力不断提高，产量是在不断增加的，而且人均占有量水平比较高，但是不能否认的现实是中国农产品供给和需求也存在不平衡，尤其是随着收入水平的增加、消费结构的改变及进口来源的增加，中国农产品贸易规模必然会增加。2014 年世界谷物进口依赖程度达到 50.7%，其中中国的进口量占有一定的比例。而从上述数据也可以看到中国一些大宗农产品尤其是棉花和糖料供给明显不足，供给不足的部分就必须通过大量进口来满足国内生产和消费需求。

5.2 中国农产品进出口贸易格局

除了中国农产品的供给和需求状况的变化，近年来中国农业生产技术水平和生产成本等都发生了较大的变化，农产品在国际市场上的竞争优势也随之在发生变化，这直接决定并影响到中国对各国和各地区的出口状况。

5.2.1 中国农产品进出口贸易规模和增速变化趋势

中国农产品贸易规模自进入 20 世纪以来就一直不断在扩大，2001 年进出口额仅为 269.3658 亿美元，2017 年就达到 1947.044 亿美元，平均增速达到 13.24%。其中，出口额从 2001 年的 159.5622 亿美元增长到 2017 年的 750.3356 亿美元，虽然平均增速达到了 9.96%，但是从 2012 年至今增速就比较低，2017 年增速仅为 3.43%；进口额则从 2001 年的 109.8036 亿美元增长到 2017 年的 1196.709 亿美元，平均增速达到 17.01%，虽然

2015年和2016年增速出现了负增长，但2017年增速却又超过了10%。显然，进口增速相对较快，在大部分年份进口额增速都超过了出口额。而随着中国农产品贸易规模的扩大，其占世界农产品贸易额的比重也在不断增加，2001年仅占5.55%，到2011年这一比重就超过了10%，到2017年则达到了13.54%。可见，随着中国农产品贸易规模的不断扩大，中国在世界农产品贸易中的地位是不断上升的。如表5-5所示。

表5-5　　　　　　　中国农产品进出口额及增速

年份	出口额（亿美元）	增速（%）	进口额（亿美元）	增速（%）	进出口额（亿美元）	增速（%）	世界贸易额（亿美元）	比重（%）
2001	159.5622	2.24	109.8036	5.30	269.3658	3.47	4856.017	5.55
2002	180.0524	12.84	115.8911	5.54	295.9435	9.87	5233.3	5.66
2003	212.0841	17.79	180.9775	56.16	393.0616	32.82	6085.64	6.46
2004	230.3603	8.62	268.3938	48.30	498.7542	26.89	6984.208	7.14
2005	271.1283	17.70	273.7621	2.00	544.8904	9.25	7464.198	7.30
2006	309.5753	14.18	306.5928	11.99	616.1681	13.08	8216.359	7.50
2007	365.2049	17.97	391.3537	27.65	756.5587	22.78	9843.828	7.69
2008	401.2983	9.88	565.56	44.51	966.8584	27.80	11967.96	8.08
2009	391.3031	-2.49	506.3533	-10.47	897.6564	-7.16	10537.07	8.52
2010	487.8782	24.68	698.5993	37.97	1186.477	32.18	11901.76	9.97
2011	599.7797	22.94	908.0474	29.98	1507.827	27.08	14563.82	10.35
2012	624.7077	4.16	1086.778	19.68	1711.485	13.51	14389.27	11.89
2013	669.7093	7.20	1150.339	5.85	1820.048	6.34	15001.42	12.13
2014	712.1552	6.34	1186.983	3.19	1899.138	4.35	15349.63	12.37
2015	700.8596	-1.59	1129.941	-4.81	1830.801	-3.60	13948.75	13.13
2016	725.4312	3.51	1081.791	-4.26	1807.222	-1.29	13918.61	12.98
2017	750.3356	3.43	1196.709	10.62	1947.044	7.74	14380.11	13.54

资料来源：根据联合国国际贸易数据库数据整理计算。

2004年是中国农产品贸易格局发生变化的具有标志性的年份，这一年，中国农产品贸易首次出现了逆差。在这之前，中国农产品贸易一直是顺差，如 2000 年中国农产品出口额为 156.06 亿美元，进口额为 104.27 亿美元，顺差额为 51.79 亿美元。到 2004 年，出口额为 230.36 亿美元，进口额为 268.39 亿美元，出现逆差额 38.03 亿美元。之后，逆差额就不断增加，且幅度比较大，如 2017 年中国农产品出口额为 750.34 亿美元，进口额则达到 1196.71 亿美元，逆差额高达 446.37 亿美元。如图 5-1 所示。

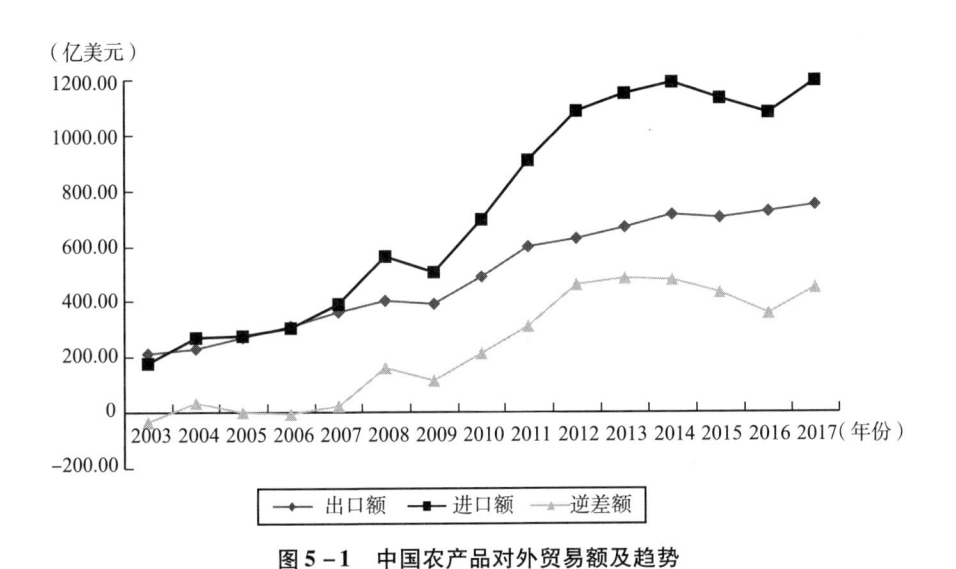

图 5-1　中国农产品对外贸易额及趋势

所以从总体贸易格局来看，随着中国从 2004 年成为农产品贸易的净进口国家，出口增速不断的下降，必然会出现在一些国际市场上出口规模收缩的可能性。这在一定程度上能够解释近年来中国对阿拉伯国家农产品出口规模相对下降、出口增速不大的原因。

5.2.2　中国农产品进出口地理方向

从出口地理方向来看，自 2000 年以来，中国农产品主要出口目的国是日本、韩国、美国、马来西亚、德国、印度尼西亚、荷兰、俄罗斯、意大利和新加坡等。这种格局一直变化不大。到 2017 年，出口地理方向出现了一些变化，日本、美国、韩国、俄罗斯、马来西亚和印度尼西亚依然位居前10，但是德国、荷兰和意大利则跌出了前10，越南、泰国和菲律宾进入了前10。

总体来看，中国农产品出口最重要的国家一直是日本、美国和韩国等，一个明显的趋势是中国向东南亚国家出口越来越多，对欧洲国家的出口越来越少。

从进口地理方向来看，自2000年以来，中国主要从美国、阿根廷、加拿大、澳大利亚、巴西、俄罗斯、马来西亚、秘鲁、法国、泰国和印度尼西亚等国家进口。到2017年中国进口前10位国家依次是巴西、美国、澳大利亚、加拿大、新西兰、印度尼西亚、泰国、法国、阿根廷、越南和马来西亚。其中，巴西占比最高，达到20.13%。

5.2.3 中国农产品进出口结构

中国农业的生产条件、技术和要素等状况不断发生变化，产品的比较优势状况也随着改变，农产品进出口的产品结构可以充分体现出这一点。

从出口来看，2000年，中国24类农产品中出口额最多的产品依次是："鱼；甲壳动物；软体动物及其他水生无脊椎动物""蔬菜、水果、坚果或植物其他部分的制品""食用蔬菜、根及块茎""肉及食用杂碎""谷物"，这几类产品出口额占全部农产品出口额比重都超过了4%，其中，水产品比重达到了12.61%。2006年，"肉、鱼、甲壳动物、软体动物及其他水生无脊椎动物制品"出口大增，比重上升到14.03%，而"谷物"的比重则从4.20%下降到1.48%。2012年，除了水产品类出口所占比重继续高企之外，"食用蔬菜、根及块茎"和"蔬菜、水果、坚果或植物其他部分的制品"这两大类产品出口额上升比较快，比重合计达到22.34%；"食用水果及坚果；甜瓜或柑橘属水果的果皮"比重也有所上升，达到5.63%；"食品工业的残渣及废料；配制的动物饲料"比重从1.09%上升到4.05%；"谷物"所占比重进一步下降，仅为0.63%；同时"肉及食用杂碎"从2000年的4.72%下降到2012年的1.46%。到2017年，基本延续了这一出口格局。总体来看，中国在谷物、活动物及动物产品、肉及食用杂碎、乳蛋及其制品、动植物油脂等产品上出口所占比重逐步下降，而在各类水产品、蔬菜、水果等产品上出口比重在逐步增加，而且这几类产品所占的比重相对较大。如表5-6所示。

表 5-6　　　　　　　　　　中国农产品出口结构①

产品分类 (HS1)	2000 年 出口额 (亿美元)	2000 年 比重 (%)	2006 年 出口额 (亿美元)	2006 年 比重 (%)	2012 年 出口额 (亿美元)	2012 年 比重 (%)	2017 年 出口额 (亿美元)	2017 年 比重 (%)
01	3.85	2.47	3.33	1.08	5.83	0.93	5.62	0.75
02	7.53	4.72	7.47	2.04	9.80	1.46	9.16	1.22
03	22.70	12.61	47.45	11.82	113.23	15.90	124.98	16.66
04	1.88	0.89	3.02	0.77	5.34	0.76	5.88	0.78
05	7.57	3.29	9.96	2.04	20.57	2.84	23.09	3.08
06	0.32	0.12	1.05	0.18	2.56	0.34	3.38	0.45
07	15.44	4.99	37.15	5.95	69.06	11.05	111.64	14.88
08	4.17	1.14	12.84	1.92	37.72	5.63	53.37	7.11
09	5.06	1.26	9.89	1.39	19.43	2.73	29.31	3.91
10	16.43	4.20	10.38	1.48	4.43	0.63	6.70	0.89
11	0.93	0.19	2.36	0.32	6.02	0.83	5.75	0.77
12	8.77	1.46	13.23	1.76	26.27	3.50	26.46	3.53
13	0.47	0.08	1.55	0.50	9.90	1.58	13.48	1.80
14	0.43	0.06	0.53	0.15	0.91	0.14	1.31	0.17
15	1.29	0.18	3.91	0.97	5.67	0.80	8.39	1.12
16	18.83	2.69	54.91	14.03	89.52	12.77	97.79	13.03
17	1.73	0.24	4.62	0.95	12.65	1.74	17.59	2.34
18	0.29	0.04	1.24	0.21	3.33	0.44	3.76	0.50
19	3.60	2.31	8.61	1.38	15.00	2.40	16.50	2.20

① 注：01 活动物。02 肉及食用杂碎。03 鱼；甲壳动物；软体动物及其他水生无脊椎动物。04 乳品、蛋品；天然蜂蜜；其他食用动物产品。05 其他动物产品。06 活树及其他活植物；鳞茎、根及类似品；插花及装饰用簇叶。07 食用蔬菜、根及块茎。08 食用水果及坚果；甜瓜或柑橘属水果的果皮。09 咖啡、茶、马黛茶及调味香料。10 谷物。11 制粉工业产品；麦芽；淀粉；菊粉；面筋。12 含油子仁及果实；杂项子仁及果仁；工业用或药用植物；稻草、秸秆及饲料。13 虫胶；树胶、树脂及其他植物液、汁。14 编结用植物材料；其他植物产品。15 动、植物油、脂及其分解产品；精制的食用油脂；动、植物蜡。16 肉、鱼、甲壳动物、软体动物及其他水生无脊椎动物制品。17 糖及糖食。18 可可及可可制品。19 谷物、粮食粉、淀粉或乳的制品；糕饼点心。20 蔬菜、水果、坚果或植物其他部分的制品。21 杂项食品。22 饮料、酒及醋。23 食品工业的残渣及废料；配制的动物饲料。24 烟草、烟草及烟草代用品的制品。

续表

产品分类 (HS1)	2000 年 出口额（亿美元）	比重（%）	2006 年 出口额（亿美元）	比重（%）	2012 年 出口额（亿美元）	比重（%）	2017 年 出口额（亿美元）	比重（%）
20	13.15	8.24	37.81	5.65	75.62	11.29	76.94	10.25
21	3.59	2.00	9.11	1.28	22.23	3.12	32.60	4.34
22	4.93	2.32	10.90	1.56	13.87	1.98	22.27	2.97
23	2.52	1.09	5.15	0.71	29.35	4.05	26.59	3.54
24	3.018952	1.11	5.66	0.75	12.62	1.68	13.27	1.77

资料来源：根据联合国国际贸易数据库数据整理计算。

从进口来看，2000 年，中国 24 类农产品中进口额最多的产品依次是："含油子仁及果实，杂项子仁及果仁，工业用或药用植物，稻草、秸秆及饲料（12）""鱼；甲壳动物；软体动物及其他水生无脊椎动物（03）""动、植物油、脂及其分解产品；精制的食用油脂；动、植物蜡（15）""食品工业的残渣及废料；配制的动物饲料（23）""肉及食用杂碎（02）"等，其中，"含油子仁及果实；杂项子仁及果仁，工业用或药用植物，稻草、秸秆及饲料（12）"进口额最多，占比达到了 29.46%。2006 年，进口格局基本变化不大。2012 年 "含油子仁及果实；杂项子仁及果仁；工业用或药用植物；稻草、秸秆及饲料（12）"进口比重从 2000 年的 29.46% 快速上升到 35.50%；"动、植物油、脂及其分解产品；精制的食用油脂；动、植物蜡（15）"也从 2000 年的 9.81% 上升到 11.99%；"鱼；甲壳动物；软体动物及其他水生无脊椎动物（03）"的进口比重从 2000 年的 11.53% 下降到 5.03%；"肉及食用杂碎（02）"同期从 6.11% 下降到 3.78%。2017 年，"肉及食用杂碎（02）"进口比重上升到 7.93%；"食用水果及坚果；甜瓜或柑橘属水果的果皮（08）"进口比重从 2012 年的 3.5% 上升到 5.34%；"乳品、蛋品；天然蜂蜜；其他食用动物产品（04）"进口比重同期从 2.99% 上升到 4.24%；"谷物（10）"进口比重同期从 4.37% 上升到 5.35%，其他产品比重变化不大。总体来看，中国进口的主要是油脂类产品、肉类产品、谷物及制品和乳蛋及其制品等，水果等的进口比重也在不断增加，而水产品的进口比重则趋于下降。如表 5-7 所示。

表 5-7　　　　　　　　　　中国农产品进口结构

产品名称	2000 年 进口额（亿美元）	比重（%）	2006 年 进口额（亿美元）	比重（%）	2012 年 进口额（亿美元）	比重（%）	2017 年 进口额（亿美元）	比重（%）
01	0.52	0.50	0.63	0.21	4.99	0.46	3.61	0.30
02	6.37	6.11	6.85	2.23	41.08	3.78	94.87	7.93
03	12.02	11.53	31.43	10.25	54.65	5.03	71.14	5.95
04	2.18	2.09	5.65	1.84	32.51	2.99	50.69	4.24
05	1.58	1.51	1.93	0.63	4.43	0.41	6.10	0.51
06	0.21	0.20	0.70	0.23	1.36	0.13	2.81	0.23
07	0.82	0.78	7.55	2.46	24.06	2.21	20.14	1.68
08	3.67	3.52	7.38	2.41	38.08	3.50	63.94	5.34
09	0.23	0.22	0.53	0.17	3.06	0.28	4.40	0.37
10	5.74	5.51	8.20	2.68	47.51	4.37	64.01	5.35
11	0.63	0.61	2.46	0.80	5.80	0.53	9.70	0.81
12	30.71	29.46	81.17	26.48	385.79	35.50	445.08	37.19
13	0.34	0.33	0.74	0.24	2.02	0.19	2.55	0.21
14	0.83	0.80	0.99	0.32	1.94	0.18	1.75	0.15
15	10.23	9.81	39.19	12.78	130.34	11.99	82.84	6.92
16	0.12	0.12	0.37	0.12	1.81	0.17	11.16	0.93
17	1.76	1.69	6.17	2.01	25.41	2.34	14.07	1.18
18	0.71	0.68	1.83	0.60	6.23	0.57	6.59	0.55
19	0.71	0.68	3.59	1.17	19.38	1.78	56.81	4.75
20	0.60	0.57	1.97	0.64	6.19	0.57	10.91	0.91
21	1.46	1.40	3.22	1.05	9.53	0.88	23.39	1.95
22	1.61	1.55	5.84	1.90	30.87	2.84	52.44	4.38
23	9.07	8.69	12.96	4.23	30.48	2.80	33.95	2.84
24	2.02	1.94	4.60	1.50	13.13	1.21	16.09	1.34

注：产品分类见表 5-6 注。
资料来源：根据联合国国际贸易数据库数据整理计算。

进出口商品结构基本反映了产品在国际市场上的贸易竞争力,也影响着在区域市场的出口表现。中国农产品出口贸易竞争力如何,还需要更为具体的分析。

5.3 中国农产品出口贸易竞争力

5.3.1 中国农产品整体竞争力变化趋势

本书以市场占有率、TC 指数和 RCA 指数来反映产品整体竞争力变化状况。从市场占有率来看,2006 年中国出口的农产品占到世界市场的 4.09%,位居世界农产品出口第 6 位。但是,2010 年中国农产品比重就下降到了 3.83%,到 2017 年继续下降,下降为 3.68%。同时,其他国家也都出现了不同程度的下降,仅有巴西和西班牙市场占有率有所上升,这表明世界市场更趋分化,有越来越多的国家参与到国际农产品市场竞争中,竞争更为激烈。如表 5-8 所示。

表 5-8　　　　　中国农产品在世界出口市场占有率

国家	2006 年	2010 年	2012 年	2016 年	2017 年
美国	10.72%	10.92%	10.68%	10.38%	9.63%
荷兰	7.41%	6.55%	5.84%	5.71%	5.94%
法国	7.05%	5.91%	5.50%	5.01%	4.90%
德国	6.47%	6.07%	5.64%	5.55%	5.65%
巴西	4.68%	5.67%	6.06%	5.20%	4.98%
中国	4.09%	3.83%	3.81%	3.99%	3.68%
西班牙	3.95%	3.37%	3.18%	3.52%	3.66%
加拿大	3.67%	3.41%	3.38%	3.53%	3.51%
意大利	3.59%	3.14%	2.90%	3.00%	3.28%
比利时	3.02%	2.60%	2.48%	2.54%	2.68%

资料来源:根据联合国国际贸易数据库数据整理计算。

从 TC 指数来看，2006 年中国农产品 TC 指数为 0.11，表明中国在世界市场上竞争力还处于中间水平，但是，2010 年 TC 指数就为负值，而且到 2017 年更是下降为 -0.34，这表明中国农产品在世界市场竞争力很弱。而同期，美国、新西兰、法国、西班牙和加拿大这些国家 TC 指数变化不大，具有一定的竞争力，巴西则竞争力较强。如表 5-9 所示。

表 5-9　　　　　　　中国农产品在世界出口市场 TC 指数

国家	2006 年	2010 年	2012 年	2016 年	2017 年
美国	0.03	0.14	0.12	0.04	0.02
荷兰	0.18	0.17	0.13	0.13	0.13
法国	0.14	0.12	0.14	0.10	0.08
德国	-0.11	-0.08	-0.09	-0.09	-0.09
巴西	0.78	0.76	0.77	0.73	0.74
中国	0.11	-0.18	-0.29	-0.30	-0.34
西班牙	0.09	0.10	0.12	0.16	0.17
加拿大	0.20	0.18	0.19	0.19	0.20
意大利	-0.15	-0.11	-0.08	-0.03	-0.01
比利时	-0.01	-0.02	-0.04	0.00	0.00

资料来源：根据联合国国际贸易数据库数据整理计算。

从 RCA 指数来看，2006 年中国农产品 RCA 指数为 0.38，表明中国在世界市场上竞争力很弱，这一形势一直没有改变，到 2017 年 RCA 指数甚至跌到 0.25；而法国、巴西、西班牙、加拿大和比利时的 RCA 指数都超过 1.25，表明其农产品具有较强的竞争力；巴西 RCA2017 年甚至达到 3.52，表明其具有非常强的竞争力。

根据以上数据分析，可以看出中国农产品竞争力较弱，且自 2006 年以来中国农产品总体上在世界市场的竞争力呈现逐步下降的趋势。如表 5-10 所示。

表 5-10　　　　　　　中国农产品在世界出口市场 RCA 指数

国家	2006 年	2010 年	2012 年	2016 年	2017 年
美国	1.18	1.26	1.22	1.12	1.09

续表

国家	2006 年	2010 年	2012 年	2016 年	2017 年
荷兰	2.37	2.20	2.00	2.01	2.04
法国	1.64	1.63	1.65	1.45	1.45
德国	0.71	0.73	0.73	0.66	0.67
巴西	3.67	3.78	3.95	3.89	3.52
中国	0.38	0.30	0.30	0.26	0.25
西班牙	2.15	2.03	2.03	1.96	2.03
加拿大	1.08	1.25	1.27	1.34	1.28
意大利	1.05	1.06	1.03	1.03	1.04
比利时	1.24	1.23	1.25	1.23	1.31

资料来源：根据联合国国际贸易数据库数据整理计算。

5.3.2 中国大类农产品贸易竞争力变化

从所有农产品角度看的竞争力变化仅能反映一种总体趋势，但是无法具体体现不同种类农产品竞争力状况。为此，本书基于 HS 两位编码来看大类农产品竞争力状况。

从市场占有率来看，2006 年中国有 5 类农产品在世界市场占有率超过了 10%，分别是"其他动物产品"（19.11%）；"食用蔬菜、根及块茎"（10.05%）；"编结用植物材料；其他植物产品"（10.77%）；"肉、鱼、甲壳动物、软体动物及其他水生无脊椎动物制品"（19.11%）；"蔬菜、水果、坚果或植物其他部分的制品"（10.63%）。这表明这几类产品中国具有较强的竞争力。市场占有率较低的产品主要有"肉及食用杂碎""乳品、蛋品；天然蜂蜜；其他食用动物产品""活树及其他活植物；鳞茎、根及类似物；插花及装饰用簇叶""动、植物油、脂及其分解产品；精制的食用油脂""动、植物蜡""糖及糖食""可可及可可制品""饮料、酒及醋""食品工业的残渣及废料；配制的动物饲料"等，这几类产品市场占有率都低于 2%，也意味着竞争力相对较低。2017 年，"其他动物产品""食用蔬菜、根及块茎""编结用植物材料；其他植物产品""肉、鱼、甲壳动物、软体动物及其他水生无脊椎动物制品""蔬菜、水果、坚果或植物其他部分的制品"这几类产品市场占有率有进一步上升，而"鱼；甲壳动物；软体动物及其他水生无脊椎动物"和"虫胶；树胶、树脂及其他植物液、汁"这两类产品市场占有率也超过了10%。同时，"食用水果及坚果；甜瓜或柑橘属水果的果皮""咖啡、茶、马黛茶及调味香料""糖及糖食"和"杂项食品"这几类产品市场占有率也有所上升，超过了4%。"肉及食用杂碎""乳品、蛋品，天然蜂蜜；其他食用动物产品""谷物""动、植物油、脂及其分解产品；精制的食用油脂；动、植物蜡"和"可可及可可制品"这几类产品的市场占有率下降到1%以下，说明竞争力状况继续恶化。如表5-11所示。

表 5-11　　　　中国出口农产品在世界市场的市场占有率　　　　单位：%

产品代码	产品名称	2006年	2010年	2012年	2016年	2017年
01	活动物	2.34	2.56	2.73	3.38	2.65
02	肉及食用杂碎	1.11	1.06	0.85	0.82	0.75
03	鱼；甲壳动物；软体动物及其他水生无脊椎动物	7.83	11.13	12.37	13.16	12.86
04	乳品、蛋品；天然蜂蜜；其他食用动物产品	0.64	0.58	0.66	0.83	0.71
05	其他动物产品	19.11	19.65	22.47	21.55	24.09
06	活树及其他活植物；鳞茎、根及类似品；插花及装饰用簇叶	0.68	1.16	1.28	1.76	1.70
07	食用蔬菜、根及块茎	10.05	13.62	12.17	15.78	17.02
08	食用水果及坚果；甜瓜或柑橘属水果的果皮	2.53	3.70	4.55	5.44	5.45
09	咖啡、茶、马黛茶及调味香料	4.58	4.64	4.27	6.66	6.93
10	谷物	2.10	0.65	0.37	0.45	0.71
11	制粉工业产品；麦芽；淀粉；菊粉；面筋	2.75	4.07	3.42	3.31	3.68
12	含油子仁及果实；杂项子仁及果仁；工业用或药用植物；稻草、秸秆及饲料	4.21	3.05	2.84	3.06	2.75
13	虫胶；树胶、树脂及其他植物液、汁	4.24	12.82	8.45	20.90	20.45

续表

产品代码	产品名称	2006年	2010年	2012年	2016年	2017年
14	编结用植物材料；其他植物产品	10.77	7.45	13.07	14.62	14.52
15	动、植物油、脂及其分解产品；精制的食用油脂；动、植物蜡	0.89	0.46	0.54	0.68	0.89
16	肉、鱼、甲壳动物、软体动物及其他水生无脊椎动物制品	19.11	16.02	19.25	18.24	23.17
17	糖及糖食	1.62	2.51	2.56	4.03	4.28
18	可可及可可制品	0.54	0.57	0.78	1.05	0.90
19	谷物、粮食粉、淀粉或乳的制品；糕饼点心	2.62	2.46	2.62	2.44	2.47
20	蔬菜、水果、坚果或植物其他部分的制品	10.63	11.82	13.60	12.78	13.64
21	杂项食品	2.79	3.38	4.01	5.09	4.86
22	饮料、酒及醋	1.62	1.17	1.33	2.15	2.04
23	食品工业的残渣及废料；配制的动物饲料	1.62	3.53	4.10	4.09	3.99
24	烟草、烟草及烟草代用品的制品	2.20	3.06	3.16	3.73	3.67

资料来源：根据联合国国际贸易数据库数据整理计算。

根据 TC 指数来看，2017 年，中国农产品比较有竞争力的是："肉、鱼、甲壳动物、软体动物及其他水生无脊椎动物制品""其他动物产品""食用蔬菜、根及块茎""咖啡、茶、马黛茶及调味香料""虫胶；树胶、树脂及其他植物液、汁""蔬菜、水果、坚果或植物其他部分的制品"，这些产品的 TC 指数高于 0.5，而且从 2006 年到 2017 年变化不大，其他产品的 TC 指数都低于 0.5。而"乳品、蛋品；天然蜂蜜；其他食用动物产品""食用水果及坚果，甜瓜或柑橘属水果的果皮""含油子仁及果实；杂项子仁及果仁；工业用或药用植物；稻草、秸秆及饲料""编结用植物材料；其他植物产品""动、植物油、脂及其分解产品；精制的食用油脂""动、植物蜡""可可及可可制品""食品工业的残渣及废料；配制的动物饲料"，以上这些产品的的 TC 指数甚至低于 0，表明这些产品是缺乏竞争力的。肉及食用杂碎，谷物，谷物、粮食粉、淀粉或乳的制品；糕饼点心，饮料、酒及醋，烟草、烟草及烟草代用品的制品，这些产品 2006

年 TC 指数是大于 0 的,但是随后都出现了不同程度的下降,都小于 0,这表明这些产品的竞争力逐年降低,且随着时间的推移不具有竞争力了。

表 5 - 12　　中国出口农产品在世界市场的 TC 指数

产品代码	产品名称	2006 年	2010 年	2012 年	2016 年	2017 年
1	活动物	0.68	0.26	0.08	0.24	0.22
2	肉及食用杂碎	0.04	-0.38	-0.61	-0.84	-0.82
3	鱼;甲壳动物;软体动物及其他水生无脊椎动物	0.20	0.34	0.35	0.33	0.27
4	乳品、蛋品;天然蜂蜜;其他食用动物产品	-0.30	-0.66	-0.72	-0.71	-0.79
5	其他动物产品	0.68	0.53	0.65	0.54	0.58
6	活树及其他活植物;鳞茎、根及类似品;插花及装饰用簇叶	0.20	0.33	0.30	0.19	0.09
7	食用蔬菜、根及块茎	0.66	0.66	0.48	0.70	0.69
8	食用水果及坚果;甜瓜或柑橘属水果的果皮	0.27	0.11	0.00	-0.03	-0.09
9	咖啡、茶、马黛茶及调味香料	0.90	0.83	0.73	0.63	0.74
10	谷物	0.12	-0.47	-0.83	-0.86	-0.81
11	制粉工业产品;麦芽;淀粉;菊粉;面筋	-0.02	0.10	0.02	-0.22	-0.26
12	含油子仁及果实;杂项子仁及果仁;工业用或药用植物;稻草、秸秆及饲料	-0.72	-0.86	-0.87	-0.87	-0.89
13	虫胶;树胶、树脂及其他植物液、汁	0.36	0.69	0.66	0.71	0.68
14	编结用植物材料;其他植物产品	-0.30	-0.52	-0.36	-0.26	-0.14
15	动、植物油、脂及其分解产品;精制的食用油脂;动、植物蜡	-0.82	-0.92	-0.92	-0.85	-0.82
16	肉、鱼、甲壳动物、软体动物及其他水生无脊椎动物制品	0.99	0.97	0.96	0.95	0.80
17	糖及糖食	-0.14	0.01	-0.34	0.08	0.11

续表

产品代码	产品名称	2006 年	2010 年	2012 年	2016 年	2017 年
18	可可及可可制品	-0.19	-0.35	-0.30	-0.23	-0.27
19	谷物、粮食粉、淀粉或乳的制品；糕饼点心	0.41	-0.02	-0.13	-0.49	-0.55
20	蔬菜、水果、坚果或植物其他部分的制品	0.90	0.85	0.85	0.76	0.75
21	杂项食品	0.48	0.40	0.40	0.19	0.16
22	饮料、酒及醋	0.30	-0.25	-0.38	-0.37	-0.40
23	食品工业的残渣及废料；配制的动物饲料	-0.43	-0.25	-0.02	-0.05	-0.12
24	烟草、烟草及烟草代用品的制品	0.10	0.13	-0.02	-0.11	-0.10

资料来源：根据联合国国际贸易数据库数据整理计算。

根据 RCA 指数来看，中国农产品中具有较强竞争力的是："其他动物产品""肉、鱼、甲壳动物、软体动物及其他水生无脊椎动物制品"，这两类产品 RCA 指数大部分年份都超过 1.25。RCA 指数大于 0.8 小于 1.25 的产品是比较具有竞争力的，包括"鱼；甲壳动物；软体动物及其他水生无脊椎动物"和"食用蔬菜、根及块茎"两大类产品。而"编结用植物材料；其他植物产品"和"蔬菜、水果、坚果或植物其他部分的制品"这两类产品 2006 年 RCA 指数是大于 1.25（含 1.25）的，但到 2017 年 RCA 指数就下降到了 0.98 和 0.92，从具有较强的竞争力下降到比较具有竞争力；其他大类产品 RCA 指数均低于 0.8，竞争力都较弱，而其中，"肉及食用杂碎""谷物""动、植物油、脂及其分解产品；精制的食用油脂；动、植物蜡""可可及可可制品"这四类产品的 RCA 指数甚至低于 0.1，表明其竞争力是极其弱的。如表 5-13 所示。

表 5-13　　　　中国出口农产品在世界市场的 RCA 指数

产品代码	产品名称	2006 年	2010 年	2012 年	2016 年	2017 年
1	活动物	0.27	0.23	0.23	0.24	0.18
2	肉及食用杂碎	0.13	0.10	0.07	0.06	0.05

续表

产品代码	产品名称	2006年	2010年	2012年	2016年	2017年
3	鱼；甲壳动物；软体动物及其他水生无脊椎动物	0.92	1.01	1.03	0.92	0.87
4	乳品、蛋品；天然蜂蜜；其他食用动物产品	0.08	0.05	0.06	0.06	0.05
5	其他动物产品	2.24	1.79	1.88	1.51	1.63
6	活树及其他活植物；鳞茎、根及类似品；插花及装饰用簇叶	0.08	0.11	0.11	0.12	0.12
7	食用蔬菜、根及块茎	1.18	1.24	1.02	1.11	1.15
8	食用水果及坚果；甜瓜或柑橘属水果的果皮	0.30	0.34	0.38	0.38	0.37
9	咖啡、茶、马黛茶及调味香料	0.54	0.42	0.36	0.47	0.47
10	谷物	0.25	0.06	0.03	0.03	0.05
11	制粉工业产品；麦芽；淀粉；菊粉；面筋	0.32	0.37	0.29	0.23	0.25
12	含油子仁及果实；杂项子仁及果仁；工业用或药用植物；稻草、秸秆及饲料	0.49	0.28	0.24	0.22	0.19
13	虫胶；树胶、树脂及其他植物液、汁	0.50	1.17	0.71	1.47	1.39
14	编结用植物材料；其他植物产品	1.26	0.68	1.09	1.03	0.98
15	动、植物油、脂及其分解产品；精制的食用油脂；动、植物蜡	0.10	0.04	0.05	0.05	0.06
16	肉、鱼、甲壳动物、软体动物及其他水生无脊椎动物制品	2.24	1.46	1.61	1.28	1.57
17	糖及糖食	0.19	0.23	0.21	0.28	0.29
18	可可及可可制品	0.06	0.05	0.06	0.07	0.06
19	谷物、粮食粉、淀粉或乳的制品；糕饼点心	0.31	0.22	0.22	0.17	0.17
20	蔬菜、水果、坚果或植物其他部分的制品	1.25	1.08	1.14	0.90	0.92

续表

产品代码	产品名称	2006年	2010年	2012年	2016年	2017年
21	杂项食品	0.33	0.31	0.33	0.36	0.33
22	饮料、酒及醋	0.19	0.11	0.11	0.15	0.14
23	食品工业的残渣及废料；配制的动物饲料	0.19	0.32	0.34	0.29	0.27
24	烟草、烟草及烟草代用品的制品	0.26	0.28	0.26	0.26	0.25

资料来源：根据联合国国际贸易数据库数据整理计算。

综上所述，中国农产品目前在世界市场上总体竞争力呈现逐步下降的趋势，局势堪忧。而从大类产品来看，情况不一而足。水产品和食用蔬菜这些产品还具有较强的竞争力，而肉类产品包括食用杂碎和活动物、谷物、可可及可可制品、动植物油脂及其分解产品竞争力很低。同时需要关注的是以前具有竞争力的一些产品在逐渐丧失竞争力，如"编结用植物材料；其他植物产品"和"蔬菜、水果、坚果或植物其他部分的制品"。但可喜的是大部分大类产品的世界市场占有率2017年相比2006年来看都上升了，这表明国际市场需求是在逐步增加的，这也为今后中国农产品继续扩大出口提供了良好的外部条件。

第 6 章

中国对阿拉伯国家农产品贸易发展影响因素分析

由于中国从阿拉伯国家进口农产品数量较少，贸易额不多，因此本章将研究重点放在中国对阿拉伯国家农产品出口贸易发展问题上。前文分析为我们从大的背景和发展趋势来更好地理解中国对阿拉伯国家出口状况提供了很好的视角。但是，具体到区域市场，尤其是阿拉伯国家这样一个具有独特特点的市场，影响中国对阿拉伯国家农产品出口的因素也具有特殊性，还需要作出更为具体的分析。

6.1 中国对阿拉伯国家农产品出口贸易发展的有利因素

中国与阿拉伯国家农产品贸易关系历史悠久，进入到目前这个阶段，对中国与阿拉伯国家农产品出口贸易发展影响的有利因素主要有以下几个方面。

6.1.1 "一带一路"建设为中阿农产品贸易提供了良好的机遇

自 2013 年 9 月 "一带一路" 倡议提出以来，中国与阿拉伯国家之间的经贸合作进入了快车道。习近平主席指出：阿拉伯国家是共建 "一带一路" 的天然合作伙伴，同时阿拉伯国家也是 "中国—中亚—西亚经济走廊" 的重要组成部分。2014 年习近平主席提出中阿 "一带一路" 建设的 "1+2+3" 的合作思路；2016 年中国政府公布了《中国对阿拉伯国家政策文件》；2017年习近平主席对沙特阿拉伯和埃及进行了国事访问；2018年习近平主席出席中阿合作论坛第八届部长级会议，中阿双方提出建立"战略伙伴关系"。随着"一带一路"建设的深入，中阿经贸合作机制不断完善，中国已同所有22个阿拉伯国家和海合会建有经贸联委会机制，同所有阿拉伯国家签署了双边政府经济、贸易和技术合作协定。中国同沙特、苏丹、伊拉克、阿曼、卡塔尔、科威特、黎巴嫩、埃及、摩洛哥9个阿拉伯国家签署了"一带一路"合作文件。"中阿合作论坛"和"中阿博览会"成为中阿经贸合作的重要平台。中国本着互利共赢和打造命运共同体的原则积极与阿拉伯国家进行产能对接，结合埃及"振兴计划"、摩洛哥的"科技城建设计划"、沙特"2030愿景"、约旦的"2025愿景"和阿尔及利亚的"2035愿景"等展开多项对阿拉伯国家的投资和经济合作。2016年1月13日，中国对外发布首份对阿拉伯国家的政策文件，清晰定位了"全面合作、共同发展"的中阿战略合作关系。习近平主席访问中东三国取得了重要成果，双方经贸合作关系进入了历史性的新阶段。在此背景下，中阿双方在农业合作发展方面取得了积极进展，这为促进双边农产品贸易奠定了良好的基础。

中国与阿拉伯国家积极开展农业合作交流项目。如中埃鼓励并支持两国企业和科研机构在农业科技、作物种植等领域开展交流合作项目，在水资源和灌溉领域开展合作。

中国积极推动与阿拉伯国家的农业技术合作。中国中阿技术转移中心建设中阿科技创新平台大力推动双方技术合作。在椰枣、农业物联网、绿色智能节水装备、卫星数据服务、马铃薯食品开发等领域培育了一批中阿科技创新平台，为中阿农业合作提供了技术保障。2018年7月袁隆平院士带领团队在阿联酋种植海水稻实验获得成功，为中国与阿拉伯国家农业合作提供了新的机遇。

中国和阿拉伯国家积极通过产业园区和农业技术示范中心深化农业产业合作。2016年6月28日，中国政府向毛里塔尼亚政府移交畜牧业技术示范中心，中心将开展培训、养殖、种植等工作。中国在苏丹拉哈德灌区建立了援助苏丹的农业技术示范中心，2016年9月"中国—苏丹农业合作开发区"成立，苏丹政府和中国企业通过共同合作，按照"一园多区"的总体空间布局推动农业合作。2017年9月，达成了中国（宁夏）—约旦共建农业技术合作中心协议和中国（宁夏）—毛里塔尼亚农业加工产业园合作协议等。

中国企业不断扩大在阿拉伯国家的农业投资。山东高速集团、山东省棉麻公司、中天国际公司等中方企业在苏丹投资棉花种植、加工和纺纱。[①] 另外，上海纺织集团、新疆建设兵团、青岛圣美尔集团等企业正在苏丹考察、论证投资农业项目。

这些农业领域的经济合作促进双边更深入地了解各自的农业优势以及互补性，促进了双方对各自市场需求的了解，促进了企业之间的交流，为农产品贸易发展起到了积极作用。

6.1.2 "一带一路"建设提升了中阿农产品贸易的基础设施水平

习近平总书记提出的共建"一带一路"倡议中很重要的一个内容就是设施联通，这也是沿线国家（地区）顺利进行经贸合作的重要前提和基础。"一带一路"建设开始以来，中国与沿线国家（地区）积极进行合作加强基础设施建设，通过中国对外技术合作、对外投资、亚投行融资以及各国投资和工程招标等形式，沿线各国港口、铁路、公路和电力等方面的建设取得了极大的成绩，如阿尔及利亚中心港的建设、毛里塔尼亚友谊港的扩建、摩洛哥"穆罕默德六世大桥"的建设等，基础设施水平得到显著提升。同时，中国与这些国家在航空和通信等领域的大量合作进一步推动了这些国家的现代化进程。到2018年，中国港口已与世界200多个国家、600多个主要港口建立航线联系，海运互联互通指数保持全球第一。通过与沿线各国（地区）进一步的协商和合作，"亚欧大陆桥"铁路运输功能得到进一步发挥，铁路运力大幅增长，2017年中国与"一带一路"国家（地区）的贸易出口中，铁路运输方式的出口额增速最快，较2016年增长34.5%。其中，中国开通了"渝新欧"和"郑新欧"等中欧班列，同时也开通了"中阿号"等班列，通过铁路运输与沿线国家（地区）的贸易联通能力大大提升。研究表明，中国内陆口岸通过铁路运输进口欧亚农产品已实现批量常态化运行。据测算，通过中欧班列进口欧洲肉类产品，运输时间比海运缩短45天左右，运输费用比空运低约1万元/吨。[②] 民航方面，与8个国家和地区签署航空运输协定，增加国际航线403条，目前，

---

① 栾小惠. 科援苏丹，送去致富希望 [J]. 走向世界，2017（2）：25.
② 叶兴庆. 中国全球农产品供应体系多元化离不开"一带一路" [N]. 中国经济时报，2017－06－20（005）.

与"一带一路"沿线 62 个国家（地区）签订了双边政府间航空运输协定，与 45 个沿线国家（地区）实现直航，每周约 5100 个航班。[①]

6.1.3　新技术变革的迅猛发展拓展了中阿农产品贸易空间

全球已经进入信息化时代，信息化使得云计算、物联网和大数据等应用于国际贸易的全过程，将产品生产、物流、商品流通、进出口等各环节整合进一个系统，"互联网+"改变了原有的商业组织模式，对既有资源进行了有效的整合和配置，极大地提升了生产、物流等方面的效率。一方面，随着互联网技术的发展，中国电商平台不断涌现，阿里巴巴的 B2B 等电商平台发挥着重要的作用，起到了中国农产品生产和国际市场需求信息联通的积极作用。同时阿拉伯国家也出现了一些电商平台，拉近了产品和消费者的距离。这些电商平台在进一步的融合发展中使得通过跨境电商平台进行的贸易规模不断扩大，贸易方式不断创新，贸易效率不断提升，这些都必然会拓展中阿农产品贸易空间。另一方面，物流领域积极应用互联网，发展方式急剧改变，"物联网"逐步在形成，通过物联网，统筹国内外资源市场的能力不断提高，逐步形成全球农产品供应网络。随着"一带一路"沿线国家（地区）基础设施的不断完善，加强物流主干道建设，物流运输路线不断得到优化，物流越来越便捷，同时中国企业通过在国外建立基地和海外仓，极大地降低了物流成本。随着科技的发展，新型运输方式不断涌现，农产品冷链技术和仓储能力不断提高，使得物流业更有可能突破原有的国家界限，进入到国际流通领域，促进商品的跨国流动。总体来看，"一带一路"国家（地区）物流综合绩效不断提高，对促进中国的出口有积极作用。如樊秀峰和余姗（2015）在对海上丝绸之路经济带的研究中发现，海湾国家的物流绩效明显优于东南亚国家，而贸易伙伴的物流绩效改善对中国进出口贸易有显著的促进作用，其中分项指标中的清关效率和物流及时性的提高对于增加贸易流量的效用最大，其他分项指标也在不同程度上对双边贸易额有显著的正向影响效应。[②]

[①]　https：//www.yidaiyilu.gov.cn/xwzx/gnxw/67936.htm.
[②]　范文君.丝绸之路经济带国际物流绩效对农产品出口二元边际的影响研究［D］.杭州：浙江工业大学，2016：10.

6.1.4 中国农业产业化发展提升了中国对阿拉伯国家的出口潜力

在各方积极努力下，中国农业产业取得了快速发展。原中国农业部加快推进农产品质量安全追溯体系建设，进一步提升农产品质量安全监管能力。农业产业化组织迅猛发展，农民合作社近 200 万家，家庭农场近 90 万家，新的农业生产组织模式不断涌现。通过"公司+农民合作社+家庭农场"等组织形式，有效地降低了市场交易成本，提高了综合竞争力。在科技发展日新月异的态势下，产品标准化生产步伐加快，农业生产规模化趋势明显，集约化水平不断得到提高。机械装备和高端人才等现代要素在农业领域越来越普遍，农业科技自主创新步伐加快，新产品新技术层出不穷，产品深加工能力大大增强。尤其是在"供给侧改革"提出后，各地在积极发展特色优势农产品生产、不断降低产品成本的同时，积极培育新的品种，以此来满足人民群众不断升级换代的消费需求。绿色有机农业和生态农业等新的农业发展形式成为企业塑造品牌的重要途径，有效地提高了产品的附加值，在促进农业可持续发展的同时也为提高中国农产品在国际市场的竞争力提供了可能。农业产业化发展政策保障措施得力，农业"走出去"步伐加快。在市场开拓、对外投资、技术合作等方面国家出台了多项措施，不断完善境外农业投资政策支持体系，建立和完善了相关法律法规。在这种良好的制度背景下，伴随着科技在农业生产领域的广泛应用，中国农产品生产从产品品种、产品品质等方面都在不断发生着变化，产品品质不断提升，新产品不断涌现，从长期来看，在这样的农业生产基础上中国扩大对阿拉伯国家的农产品出口具有较大的潜力和空间。

6.2 中国对阿拉伯国家出口农产品贸易的不利因素

尽管中国对阿拉伯国家农产品出口存在诸多有利条件，但毋庸置疑，双方的贸易发展依然存在较多障碍和艰巨的挑战。

6.2.1 阿拉伯国家政治经济局势动荡不定

多年来，阿拉伯地区一直面临巴以冲突问题。巴以问题一直是中东地区稳定所面临的首要问题,双方关系一直处于紧张的状态,从短期来看,和平解决巴以问题不可能。2011年初以来,阿拉伯地区又出现了突尼斯、埃及等国的政治风暴,"阿拉伯之春"爆发,这些风险的存在极大地影响了该地区对外经贸发展。此外,近年来高物价与高失业率是阿拉伯国家的普遍现象,在一些国家还存在严重的贫富分化问题,贫困人口众多,统治者家族腐败问题严重。自从石油价格下降以来,中东各产油国财政收入锐减,经济发展停滞,通货膨胀严重,财政收支问题较多。这些问题在一定程度上反过来加剧了各国的政治风险。

6.2.2 双边经贸合作机制有待进一步完善和提升

一直以来,欧盟和美国等国家在阿拉伯地区政治、军事和经济方面的影响力巨大,双方有着更为完善的经贸合作机制。如欧盟和海湾合作委员会签订了政治对话、自由贸易谈判和经济合作的合作协议。[①] 2009年海合会便与欧洲自由贸易联盟(EFTA)签署了自由贸易协定,内容不仅包含货物贸易和服务贸易,甚至涉及保护知识产权、政府采购、电子贸易和争端解决等事宜。美国在布什总统时期就提出了美国中东自由贸易区构想,与巴林、阿曼已完成了自贸协定签署。日本、印度、韩国等国也与海合会已经进行了自贸区谈判,新加坡已经与海合会签订了自由贸易协定。另外,由于地缘因素,阿拉伯国家和印度、马来西亚等国家农产品和食品贸易关系更为紧密。中国与阿拉伯国家经贸机制较为缺乏,这几年才开始陆续有一些双边的经贸合作协议。虽然中国已经与许多阿拉伯国家签署了经贸投资协议和避免双重征税等方面的协议,但是双边经贸合作机制还有很大的提升空间,还需要一些实质性的进展。自2004年以来,中国与海合会国家(GCC)开始了自由贸易区的谈判,并签署了《经济、贸易、投资和技术合作框架协议》,之后,就技术合作、货物贸易和相互投资等问题进行了初步讨论;2005年6月在北京举行了第二轮谈判,签订了《经济贸易协定》《投资保护协定》;2006年1月在北京举行的第三轮谈判就关税问题及市场准入与原产地规则进行了磋商;2009年6月在第四轮谈判中双方开启了服务贸易谈判,之后由于受中东变局的影响,谈判终止。此后,双方启动了中国—海合会战略对话。2014年3月14日,国务院总理

---

① 汪波. 欧盟与海湾国家合作伙伴关系的建立与发展 [J]. 阿拉伯世界,2005 (3): 3.

李克强在会见沙特阿拉伯王国王储兼副首相、国防大臣萨勒曼时再次指出，中国愿与沙特阿拉伯等海合会成员国尽快重启 CGFTA 谈判，以全面提升中国—海合会经贸合作。2019 年 2 月，习近平主席在会见沙特阿拉伯王国王储兼副首相、国防大臣萨勒曼时提出，应推进中海自贸区谈判。但是，从目前情况来看，中海自贸区谈判进程落后于其他国家和地区，仍然没有达成最终协议。海合会（GCC）作为阿拉伯国家重要的区域组织、最主要的经济体，在阿拉伯世界及中东地区有着举足轻重的地位，如果其他主要国家均与之达成自由贸易协定而中国未与之达成相关协定，则有在区域经济合作竞争中被边缘化的风险。

6.2.3 阿拉伯国家农产品技术标准比较繁杂，壁垒较高

阿拉伯国家对农产品与食品的进口有着较高标准，客观上形成了一定的技术性贸易"壁垒"。例如，绝大多数的阿联酋食品法规以海合会的标准为基础，而当没有可适用的海合会标准时，阿联酋国家食品安全委员和检疫委员会就会分别对有关食品标准以及肉禽类标准提出建议，由市政综合秘书处制定食品标准，灵活性较大。阿联酋实施卫生与植物卫生措施（SPS），加强活禽、禽产品和活绵/山羊监管检疫；阿曼发布的均为动物检疫监管措施；巴林所关注的产品种类较多，包括肉和肉制品、水产品、蔬菜、茶等的包装、标识以及产品的污染物等；卡塔尔主要针对糖、油脂、茶、蔬果等包装、标识以及产品中的污染物安全要求。根据 WTO 规则各成员要向 WTO 报告每年采取的技术性措施状况（TBT）和卫生与植物卫生措施（SPS）。2017 年，TBT 通报涉及领域最多的是食品技术，其次是农业；2017 年，在 64 个"一带一路"沿线国家（地区），共有 33 个 WTO 成员提交了 734 件通报，占 WTO 成员总通报数的 28.37%。其中沙特阿拉伯、阿曼、卡塔尔发布的通报数量最多，分别为 77 件、59 件和 58 件。2017 年全年，有 68 个成员通过 WTO 秘书处发布了 1480 件 SPS 通报，提交通报数量位列前 10 位的依次是加拿大、沙特阿拉伯、巴西、美国、秘鲁、欧盟、阿拉伯联合酋长国、菲律宾、日本和澳大利亚。所以，中国对阿拉伯国家农产品出口的最重要目标区域沙特阿拉伯和阿联酋都是 TBT 和 SPS 的"重灾区"，这必然会加大中国农产品出口的难度。表 6 - 1 为主要阿拉伯国家向 WTO 报告采取 TBT/SPS 措施情况。

表6-1　主要阿拉伯国家向WTO报告采取TBT/SPS措施情况

国家	2018年TBT通报中农业相关	2018年TBT通报中食品技术相关	截至2019年1月8日的TBT通报次数	所有TBT中农业相关	所有TBT中食品相关	2018年SPS通报中食品安全相关	2018年SPS通报中动物健康相关	截至2019年1月8日的SPS通报	所有SPS中食品安全相关	所有SPS中动物健康相关
阿联酋	5	28	416	18	288	28	13	201	123	118
阿曼	1	27	362	17	224	11	0	89	60	23
埃及	0	2	290	2	28	5	0	112	42	24
巴林	1	26	533	27	435	11	0	186	179	6
卡塔尔	1	26	558	25	451	11	0	93	89	0
科威特	1	26	420	25	306	16	0	40	38	4
沙特阿拉伯	2	28	1072	31	314	28	23	435	275	112
苏丹	无	无	无	无	无	无	无	无	无	无
突尼斯	无	无	无	无	无	无	无	无	无	无
叙利亚	无	无	无	无	无	无	无	无	无	无
也门	1	26	125	6	96	11	0	30	29	0
伊拉克	无	无	无	无	无	无	无	无	无	无
约旦	无	无	无	无	无	无	无	无	无	无

资料来源：根据中国WTO/TBT-SPS通报咨询网http://www.tbt-sps.gov.cn数据整理所得。

6.2.4 中国与阿拉伯国家陆路互联互通受制于薄弱的"中间地带"

中国对阿拉伯国家出口的重点区域在海合会国家,除了海合会国家人均收入水平高、消费需求较大是一个重要原因之外,也与海合会国家优越的地理区位有关系。这些国家周围被波斯湾、阿拉伯海等环绕,自古以来就是战略要道。目前,国际贸易依然处于航海贸易时代,得港口者得天下,而农产品普遍单位重量价值低,对物流成本非常敏感,海运具有明显优势。因此,阿联酋等有着良好的港口条件,又地处区域要冲的国家在对外贸易中占有极大的优势。阿联酋已经成为中东地区的贸易中心和转口中心。中国对阿拉伯国家的农产品出口主要是通过海运实现的,因此阿联酋在中阿农产品贸易中占据重要位置。虽然沿陆路延伸的丝绸之路经济带是"一带一路"的重要组成部分,但显然中国通过中亚国家、阿富汗等联通西亚的互联互通与建设目标还存在较大差距。当前,通过各方努力,中国—中亚—西亚经济走廊交通运输方面的建设取得了一定的成效,如相关境内高速公路建成和在建超过85%,61个陆路边境口岸已有超过10个实现高速路网链接。[①] 但是,这条线的互联互通受制于以下几个因素:一是中亚国家经济实力有限,国内基础设施比较薄弱,在公路、铁路、信息化和网络等建设方面的投入和建设力量不足。二是中亚各个国家具体情况不同,出于安全和经济利益等考量对于道路联通的建设思路并不容易达成一致。三是沿线一些国家政治和安全局势不稳定,在基础设施建设等方面存在较大的风险。四是部分国家海关通关时间较长,行政管理透明度较差,管理效率较低。五是商品检验检疫标准等方面不一致,经贸政策对接和标准协调任务繁重。由于以上因素,中国和阿拉伯国家之间的互联互通出现了"塌陷"的"中间地带",而且除了海合会其他阿拉伯国家包括北非阿拉伯国家也存在类似的一些问题,这使得欲通过陆路运输来实现中国对阿拉伯国家的农产品的大量出口还得假以时日。

6.2.5 中国农产品生产成本不断上升,比较优势逐步下降

根据前文分析,中国农产品比较优势总体来看是逐步在下降的。其中

---

① 刘云鹏. 中国与西亚国家农产品贸易发展问题及提升路径 [J]. 对外经贸实务,2018 (5):33.

很重要的一个因素就是农产品生产成本的上升。根据国务院发展研究中心张元华的研究数据，2015年，中国玉米、小麦、棉花和大豆等农产品的亩均总成本都远高于美国，如棉花亩均总成本比美国高222.84%，大豆远高于美国38.44%，小麦远高于美国210.42%，玉米远高于美国56.05%。许多专家认为，中国农业已经迈入"高成本"时代。农产品生产成本的上升主要由三方面的因素造成。第一，近年来中国劳动力"无限供给"的假设被打破，劳动力价格不断攀升。劳动力成本也是农产品成本构成中比例最高的部分。第二，土地租金成本也在不断上升。目前，农产品生产集约化程度不断上升，这主要得益于土地流转。但是，随着土地流转情况日益普遍，土地流转的租金在不断上涨。根据国务院发展研究中心的研究数据，美国中部农地租金每年折合人民币为240~428元/亩；加拿大温尼伯为60元/亩；德国Marold农场为182元/亩；法国贝克吨家庭奶业牧场为88元/亩；日本一般地区水田租金折合人民币为200~400元/亩；阿根廷为130元/亩；而中国最高农地流转租金达到每亩4000~5000元，一般地区每亩700~800元。第三，化肥种子等农资产品价格的上升。这些产品价格上涨的源头在于能源价格的上涨，而能源价格的上涨还会推动农药和农机作业成本的上升。上述因素是一些影响农产品成本的主要因素，其他还有如中国农业机械化水平相对较低，导致的农业生产效率低，以及农业科技水平与发达国家还存在一定的差距，尤其是在延伸农业产业链促进农产品深加工方面，由于机械设备和工艺等方面的问题，与发达国家相比，生产成本和产品品质控制等方面都有较大差距。

6.3 基于引力模型的中国对阿拉伯国家农产品出口贸易影响因素的实证分析

6.3.1 引力模型构建及变量选取

引力模型是物理学中牛顿提出的万有引力定律在国际贸易中的应用。引力定律认为，两物体之间相互引力的大小与两个物体的质量大小成正比，与两物体之间的距离远近成反比。最初，经济学家从直觉出发，认为地理位置越接近的国家它们之间的贸易流动应该越大。丁伯根（1962）和波贺农（Poyhonen，1963）最早将引力模型引入社会科学研究中，使用引力模型来分析双边贸易流量，并得到了一致的结论，即双边贸易规模与两国的经济总量成正比，与两国的距离成反比。后来，引力模型通过安德森等学者根据 DS 模型等推导得到了其基本形式，表明其应用具有坚实的理论基础。之后，引力模型不断得到拓展，学者们根据研究需要在模型中加入双边人口数量、共同语言、共同边界等变量，把是否是 WTO 成员（或其他同一优惠贸易安排）、各种制度质量变量、贸易便利化等也引入模型。引力模型在研究双边贸易流量影响因素方面具有较强的解释力，虽然迪尔多夫（Deardor，1984）批评其是比较"可疑"的，但安德逊和威考普（Anderson and Wincoop，2003）认为传统所认为的引力模型缺乏微观基础的观点已经消逝了。自丁伯根（1962）将其引入社会科学研究之后，用引力模型分析双边贸易流量的决定因素已经有 50 多年历史了，由于模型具有坚实的理论基础，其实际应用范围越来越广。

引力模型的基本形式为：

$$X_{ij} = A(Y_i Y_j)/D_{ij} \quad (6-1)$$

式（6-1）中，X_{ij} 表示国家 i 对国家 j 的出口额，A 是常数项，Y_i 表示国家 i 的 GDP，Y_j 表示国家 j 的 GDP，D_{ij} 表示两国之间的距离，对式（6-1）两边取对数，转换为线性形式：

$$\ln(X_{ijt}) = A_0 + A_1 \ln(Y_{it} Y_{jt}) + A_2 \ln(D_{ijt}) + u_{ijt} \quad (6-2)$$

其中，A_0、A_1、A_2 是回归系数，μ_{ijt} 为标准随机误差。

随着引力模型在实证过程中不断地改进，越来越多的变量被纳入模型中，开始采用拓展的引力模型，其形式为：

$$\ln(X_{ijt}) = A_0 + A_1 \ln(Y_{it} Y_{jt}) + A_2 \ln(D_{ijt}) + A_3 X + u_{ijt} \quad (6-3)$$

X 代表一系列进入模型的表明双边或者单边各种经济、制度或者文化等方面的代理变量。需要说明的是，引力模型可以是单向的，也可以是双向的，因此 X 变量可能取代表进出口国家之间某些特征的变量，也可能取出口国或者进口国单个国家某些方面的特征值。

本书主要考察影响中国对阿拉伯国家出口的各种因素及其作用大小，根据理论模型、借鉴现有的文献（宋海英，2013；张海森，谢杰，2011；等）和实际情况，选取中国对阿拉伯国家的农产品出口额作为被解释变量；选取阿拉伯各国的 GDP、双边的距离、阿拉伯各国的人口数量、是否同为 WTO 成员方作为解释变量。同时，考虑到阿拉伯国家主要位于中东北非地区，该地区由于各种政治、宗教和民族等问题，安全局势不是很稳定，因此，政治风险相对较高，该因素也可能会影响农产品贸易，这一点和中国对其他地区的贸易有所不同，因此，本书将此变量也引入模型，作为一个重要的因素进行考察。各解释变量含义、预期符号及理论解释如表6-2所示。

表6-2　　　　各解释变量的含义、预期符号及理论说明

解释变量	含义	预期符号	理论解释
WTO	虚拟变量，当属于WTO成员方时取1，否则取0	+	当属于WTO成员方时，由于优惠贸易安排的贸易创造，相应双边贸易流量会上升
$DIST_{ij}$	以进出口国人均GDP的差加权了的进出口国家之间的距离（经济距离）	-	通常代表运输成本的高低，距离越远，运输成本越高。以人均GDP之差加权后测度的经济距离同样的含义，距离越大，越不利于贸易的开展
GDP_j	进口国的国内生产总值（美元）	+	进口国GDP规模越大，潜在需求和市场规模越大，进而进口量也越大
POP_j	进口国的人口数量	+	进口国人口规模越大，代表进口国对农产品需求量大，有利于贸易
PR_j	进口国的政治风险	+	得分越高，代表该国总体潜在政治风险程度越低，越有利于贸易开展

基于以上分析，建立模型如下：

$$\ln(X_{ijt}) = A_0 + A_1\ln(GDP_{jt}) + A_2 DIST_{ijt} + A_3\ln(POP_{jt}) + A_4 WTO_{ijt} + A_5 PR_{jt} + u_{ijt} \quad (6-4)$$

其中，X_{ijt}表示中国各年对阿拉伯国家农产品的出口额，A_1、A_2、A_3、A_4、A_5是回归系数，μ_{ijt}为标准随机误差。为消除数据波动性，对GDP和人口数量取了对数值。需要说明的是，一般的引力模型距离经常选取的是两国首都之间的直线距离，但是本书研究对象22个阿拉伯国家或者相互接壤，或者相距很近，各自与中国的距离差距不大，因此很可能在回归中不显著。为克服这一问题，本书计算了两国之间的距离除以两国人均GDP的差的值，以人均GDP的差的值的倒数作为距离的权重，使之变成随时间变化的量。由于该值可能出现负值，因此没有取对数。

6.3.2 样本选取与数据来源

选取 2000~2017 年中国对阿联酋、阿尔及利亚、埃及、伊拉克、约旦、黎巴嫩、摩洛哥、阿曼、卡塔尔、沙特阿拉伯、苏丹、突尼斯和也门 13 个阿拉伯国家农产品出口的贸易流量，构建面板数据。由于叙利亚、利比亚、巴林、毛里塔尼亚、科威特、吉布提、科摩罗、索马里和巴勒斯坦等国家由于 GDP 和政治风险等数据不全，不被作为研究对象。

2000~2017 年中国对阿拉伯国家各国农产品出口的贸易流量数据来源于联合国国际贸易数据库（COMTRADE）；13 个样本国的 GDP 以及人口（POP_j）的数据均来源于世界银行；距离数据（$DIST_{ij}$）来源于网站 CEPII - dist 引力模型数据库，并进行了加权处理；WTO 数据来源于世界贸易组织网站；政治风险（PR_j）选用三大权威国际主流风险评价机构之一的 PSR 集团公布的 ICRG（The International Country Risk Guide）报告中的政治风险指标作为代理政治风险的变量，该指标体系包含政治稳定性（12 分）、社会经济状况（12 分）、投资概况（12 分）、国内冲突（12 分）、外部冲突（12 分）、腐败（6 分）、军事干预政治（6 分）、宗教参与政治（6 分）、法律与秩序（6 分）、种族冲突（6 分）、民主责任（6 分）、官僚体系的质量（4 分）12 个不同的部分，每个部分最大分值有所不同，这取决于该部分对一国总体风险的重要性。得分越高，表示该部分潜在风险越低，最小的数（0）表示潜在风险最高。

6.3.3 中国对阿拉伯国家农产品出口流量影响因素实证分析结果

本书运用计量经济学软件 Stata 15.0，分别构建了固定效应模型和随机效应模型，进行 Hausman 检验，结果显示 Prob > chi2 = 0，固定效应优于随机效应，因此采取固定效应方法进行实证分析。同时，由于面板中含有不随时间变动的距离项和虚拟变量，也采用了混合 OLS 回归和随机效应方法作为稳健性检验。

对模型进行估计过程中，采取了从基本回归方程到逐步扩展的回归方程估计。基本回归方程进入模型的变量只有阿拉伯各国 GDP 和中国与阿拉伯各国的距离。扩展方程逐步加入了人口、是否为 WTO 成员方和阿拉伯各国政治风险这几个变量。通过软件分析分别得到引力模型回归结果（1）（2）（3）和（4），具体结果如表6-3所示。

表6-3 中国对阿拉伯国家农产品出口贸易的影响因素：引力模型估计结果

变量	基本回归方程 FE	扩展回归方程 FE		
	（1）	（2）	（3）	（4）
$lnGDP_j$	0.6561 *** (0.0712)	0.5125 *** (0.0689)	0.4573 *** (0.0635)	0.3900 *** (0.0627)
$DIST_{ij}$	-0.0016 (0.0020)	-0.0009 (0.0019)	-0.0006 (0.0017)	-0.0003 (0.0016)
$lnPOP_j$		0.3658 *** (0.0563)	0.4564 *** (0.0532)	0.5846 *** (0.0587)
WTO_{ij}			0.8298 *** (0.1261)	0.3478 ** (0.1626)
PR_j				1.4363 *** (0.3239)
_cons	-5.7792 *** (1.7925)	-8.1685 *** (1.6822)	-8.8417 *** (1.5398)	-14.7902 *** (1.9947)
N	234	234	234	234
adj. R-sq	0.221	0.347	0.455	0.499

注：括号内是标准误差，* p<0.1，** p<0.05，*** p<0.01。

从基本回归方程到扩展的回归方程，回归结果显示所有估计变量符号都符合预期，并且大部分变量都是显著的，所以总体来看，模型设定比较合理。模型估计结果表明：

第一，阿拉伯各个国家经济总量规模的变动对中国出口农产品到阿拉伯国家产生着正向影响。各国 GDP 估计系数为 0.39，表明阿拉伯各国经济规模的扩大显著地促进了其对中国农产品的进口。经济规模的扩大，意味着购买力水平可能上升、居民消费需求会增加。众所周知，中东产油国 GDP 总量较大，人均 GDP 水平较高，其对农产品需求相对较大。

第二，阿拉伯各国人口的增加会显著地促进中国对阿拉伯国家的农产品出口。阿拉伯国家人口数量的估计系数为 0.5846，这表明人口的增长会促进进口，而且作用要大于经济规模的增长。农产品和食品是人类赖以生存的物质基础。阿拉伯地区是世界上人口增长率相对较高的地区,近几年的人口出生率尤其高,2016 年世界人口出口率是 18.886,中国是 12,欧盟是 9.99,美国是 12.4,而阿拉伯国家达到了 25.93。[①] 民以食为天,人口的增长在本地区农业供给增长相对缓慢的背景下必然会导致进口农产品的增加。

第三,贸易对象国是否为 WTO 成员也会显著影响中国对阿拉伯各国的农产品出口。该变量估计系数为 0.3478,这表明如果是 WTO 成员将促进中国对该国的农产品出口。作为 WTO 成员方,承担着推进贸易自由化的义务,各国需要根据入世承诺降低各种产品的关税水平。中国自 2001 年就加入 WTO,根据 WTO 规则,中国农产品出口到作为 WTO 的成员的阿拉伯国家,则享受最惠国待遇,这极大地降低了中国对阿拉伯国家农产品出口的贸易障碍,会对出口产生显著正向影响。

第四,阿拉伯国家政治风险状况会显著影响中国对各国的农产品出口。根据估计结果,政治风险的估计系数为 1.4363,是所有变量中估计系数最高的,这表明政治风险状况是影响中国对阿拉伯国家农产品出口的非常重要的因素。如果政治风险较低,即政治稳定性、社会经济状况等比较好,而国内冲突、外部冲突、腐败、军事干预政治等较少发生,则会显著促进中国对阿拉伯国家农产品出口的增加;反之,则会阻碍中国对阿拉伯国家的农产品出口。

第五,距离对中国农产品出口有负向影响但并不显著。这表明距离可能不是中国农产品出口阿拉伯国家的主要障碍,这可能是因为目前海运技术比较发达且阿拉伯国家大部分都有便利的港口,另外可能是阿拉伯国家与中国的地理距离是不随时间变化的量,且相互相邻,所以各自与中国的距离差异不是很大,虽然也经过 GDP 权数的调整,但在统计上依然不显著。

为了验证固定效应(fixed effect,FE)估计结果的显著性状况,又分别采取了混合最小二乘法和随机效应(random effect,RE)方法进行估计,进行稳健性检验。但是,在随机效应估计结果中发现,sigma_u = 0,这会导致 OLS 和 RE 的估计结果完全相同,此时以 stata 中默认的 GLS 所估计 RE 模型的结果是错的,所以又采用 MLE 来估计 RE 模型。最后分别得到结果(5)和结果(6)。

从结果可知,不管是混合 OLS 估计还是随机效应模型的估计,各变量

[①] 世界银行. 世界发展指标, https://data.worldbank.org.cn/.

估计得到的符号和固定效应是一致的,而且显著水平也都完全一致。这表明原模型设定是比较合理的,各变量能够较好地解释被解释变量。

表6-4 中国对阿拉伯国家农产品出口贸易的影响因素引力模型估计的稳健性检验

变量	基本回归方程	扩展回归方程				
	(1) FE	(2) FE	(3) FE	(4) FE	(5) 混合OLS	(6) RE
$lnGDP_j$	0.6561*** (0.0712)	0.5125*** (0.0689)	0.4573*** (0.0635)	0.3900*** (0.0627)	0.5242*** (0.0696)	0.4182*** (0.0624)
$DIST_{ij}$	-0.0016 (0.0020)	-0.0009 (0.0019)	-0.0006 (0.0017)	-0.0003 (0.0016)	-0.0014 (0.0018)	-0.0005 (0.0016)
$lnPOP_j$		0.3658*** (0.0563)	0.4564*** (0.0532)	0.5846*** (0.0587)	0.5687*** (0.0665)	0.5807*** (0.0580)
WTO_{ij}			0.8298*** (0.1261)	0.3478** (0.1626)	0.5475*** (0.1804)	0.3921** (0.1605)
PR_j				1.4363*** (0.3239)	0.8683** (0.3472)	1.3101*** (0.3192)
_cons	-5.7792*** (1.7925)	-8.1685*** (1.6822)	-8.8417*** (1.5398)	-14.7902*** (1.9947)	-15.7216*** (2.2318)	-14.9494*** (1.9689)
N	234	234	234	234	234	234
adj. R-sq	0.221	0.347	0.455	0.499	0.508	

注:括号内是标准误差,*$p<0.1$,**$p<0.05$,***$p<0.01$。

综上所述,根据估计结果,影响中国对阿拉伯各国农产品出口的主要因素有阿拉伯各国的经济规模、阿拉伯各国的人口规模、是否为WTO成员、各国的政治风险状况和距离。当前中国提出的"一带一路"建设是有利于阿拉伯国家经济增长的,显然也能够促进中国对阿拉伯国家的农产品出口,这是一个具有积极意义的、事关双方互利共赢发展的重大战略构想。另外,中国应该进一步推进与阿拉伯国家的贸易便利化,积极促进关税和非关税水平谈判,协调检验检疫制度,这些都会降低贸易壁垒。更为重要的是,阿拉伯国家应该努力稳定政治经济局势,积极完善国内各项制度,提高管理水平,优化营商环境,不断推进和平进程,减少国内外冲突,这是各国与之进行长期持续贸易的重要基础。

第 7 章

中国与阿拉伯国家农产品贸易发展的对策建议

中国对阿拉伯国家农产品贸易是中国农产品对外贸易的重要组成部分，其发展状况直接折射出中国农业发展状况和对外贸易状况。基于以上章节分析，我们对中国农产品出口阿拉伯国家的商品结构、地理方向和规模已经有了清晰的认识，也进一步了解了中国农产品竞争优势的变化趋势，同时对阿拉伯国家农产品市场进口需求及影响因素有了深刻认识。中国对阿拉伯国家农产品出口规模既受制于自身生产能力和竞争力状况，也受到激烈的国际市场竞争的影响，同时阿拉伯国家政治经济和安全局势等也对中国农产品的出口产生重大影响。自2008年国际金融危机之后，国际经济格局发生了一些变化，中国在世界经济中的地位越来越重要，中国的"一带一路"倡议也使得中亚、西亚、东南亚等地区的国际分工和经济发展出现了不同往昔的局面，中国与这些地区的经贸合作也越来越深入，中国与阿拉伯国家的经贸合作包括农产品贸易合作符合双边的利益，必然会取得更大的进展。基于上述分析和背景，本章提出促进中国与阿拉伯国家农产品贸易发展的对策建议。

7.1 宏观层面——强化制度保障

7.1.1 积极践行"一带一路"倡议，完善与阿拉伯国家经贸合作机制

阿拉伯国家是"一带一路"沿线的重要区域，阿拉伯各国积极响应中

国"一带一路"倡议,这为双方完善强化经贸合作机制和拓展经贸合作领域奠定了良好的基础。近年来,中国已与21个阿拉伯国家签署了双边经贸和技术合作协定,与16个阿拉伯国家签署了双边投资保护协定,[①] 2004年双方成立"中阿合作论坛",2010年开始举办中阿经贸论坛(中阿博览会)。为更好地发展与阿拉伯国家的经贸关系,双方需要建立更为健全的经贸合作机制。

首先,要加快推动与海合会的自由贸易区谈判,争取早日达成具有实质性内容的协议。中海自贸区谈判从2004年开始,已历经多年。谈判迟迟未能达成协议有多方面的原因。一方面,中海石油及相关产业的市场开放等问题属于比较敏感的问题,一直没有达成一致的意见。另一方面,海合会自身政治安全局势发生了重大的变化。自叙利亚发生内乱以来,阿拉伯半岛形势越来越复杂,海合会内部也出现了一些分歧,局势的变化已经影响到中海自贸区谈判。但是,这种局势也会随着各种情况的变化而出现转机。如果半岛形势能够出现缓和迹象,周边局势趋于稳定,双方应该抓住时机抓紧推进中海自贸区谈判,争取在石油石化、市场准入和农产品贸易等方面取得突破。

其次,建立多层次、多角度的经贸合作机制,如建立不同层次的工作层对话机制,包括部长级会议机制、首脑会议机制等;建立金融合作机制,对贸易合作形成强有力的支撑;建立经贸联络组,强化日常联系;建立次区域主要合作机制,如中国和阿拉伯国家内部主要区域的合作等,并借助"一带一路"建设机遇,将与阿拉伯国家的经贸合作机制放到这一更为宽广的背景下考量并进一步创新完善。多层次合作机制的目标是从国家层面有力促进贸易投资的便利化,包括推动双边农产品和食品贸易方面的便利化,主要应涉及阿拉伯国家贸易和外资管理制度、通关等方面的合作磋商,从宏观层面为扩大中国对阿拉伯国家农产品的出口提供制度突破和保障。

最后,重视农产品贸易合作机制,在产品检验检疫、产品认证和标准等方面进行深入磋商,降低贸易壁垒。阿拉伯一些国家农产品检验检疫标准比较高,构成了一定的贸易壁垒。我们对这些贸易壁垒进行关税化后,在中海之间农产品关税等于0(情景1)的前提下,设定将海合会农产品技术性贸易壁垒分别降低1%、5%和10%水平(情景2~情景4),采取GTAP对这些措施的贸易后果进行模拟,发现技术壁垒的撤除不仅能够促

---

① 中国—阿拉伯国家:稳步迈进的战略伙伴关系 [EB/OL]. (2007-12-16). http://news.xinhuanet.com/newscenter/2007-12/16/content_7262701.htm.

进海合会各国的 GDP，而且会扩大中国对海合会的农产品出口数量。在农产品关税为 0 的前提下，随着中海之间农产品技术性贸易壁垒的下降（情景 2~情景 4），中国对海合会各类农产品的出口量呈现大幅度增加，且增加幅度随技术性贸易壁垒的下降不断扩大。如农产品技术性贸易壁垒降低 1% 的情景下（情景 2），粮食作物出口增加 5.279%，农产品技术性贸易壁垒降低 10% 的情景下（情景 4），粮食作物出口增加 48.805%，变化幅度翻了接近 10 倍。随着农产品技术性贸易壁垒的不断降低，中国对海合会的农产品出口量增幅超过 80% 的有纤维作物、加工食品、牲畜和肉类产品，变化幅度分别为 110.786%、99.083% 和 84.905%。这说明撤除农产品技术性贸易壁垒将明显促进中海之间的贸易发展，技术性贸易壁垒的降低能显著增加中国对海合会国家的农产品出口量。所以，推进中海自贸区的谈判，尤其是积极推进中海之间技术性贸易壁垒的降低是促进双边农产品贸易发展的迫切需求。如表 7-1 所示。

表 7-1　　　　　　　　中国对海合会农产品出口量变化　　　　　　　　单位：%

qxs [* China GCC]	情景1	情景2	情景3	情景4
粮食作物	0.443	5.279	24.624	48.805
蔬菜水果坚果	2.06	4.559	14.556	27.053
油料作物	22.407	26.142	41.083	59.758
糖料作物	0.687	4.9	21.749	42.812
纤维作物	58.649	63.862	84.717	110.786
牲畜和肉类产品	23.652	29.777	54.278	84.905
原奶	-0.386	5.778	30.434	61.254
林产品	22.427	26.366	42.119	61.81
水产品	8.515	9.977	15.823	23.132
加工食品	64.946	68.36	82.014	99.083

资料来源：Run GTAP 模拟结果，qxs [* China GCC] 表示中国对海合会农产品出口量的变化。

7.1.2　进一步促进互联互通，提高贸易便利化水平

要进一步推动中国与中亚国家的互联互通，为中阿农产品贸易"搭好桥"。一方面，要强化与中亚国家互联互通的"硬件建设"；另一方面，

"软件建设"。硬件建设包括向西通道的打通和完善中亚国家的基础设施。为此需要加强直接联结中亚国家的西部地区的基础设施建设，要进一步增加对西北五省份的公路和铁路等基础设施的投资。也需要通过省际协调合作，充分发挥出"渝新欧""郑新欧"和"中阿号"等运输班列对"一带一路"沿线国家运输的优势。要与中亚国家进一步协调，推进其基础设施建设。众所周知，由于经济发展相对落后，中亚各国的基础设施状况较差，公路、铁路里程少而且设施较旧。如吉尔吉斯斯坦，其与中国贸易主要通过公路运输完成，与中国相连的有两条公路：一是喀什（中国新疆）—伊尔克什坦—奥什—比什凯克；另一条是喀什（中国新疆）—吐尔朵特—纳伦—比什凯克，但这些公路都缺乏维修，道路损坏和老化十分严重；其铁路总长度只有423.9公里，且为东西走向，仅与邻国哈萨克斯坦和乌兹别克斯坦有铁路相连，而与中国没有铁路相连。航空运输业发展缓慢，航线非常少。① 其他中亚国家也存在类似的情况。这使得中亚地区运输成本较高，运输耗时比较长，物流效率较低，研究表明：中亚国家每一标准箱集装箱进口成本要高达2400~4500美元，而中国仅为430美元。最终导致货物途径该地区运往西亚或者欧洲地区过境转运成本高昂。近期，经过协调，中亚五国开始兴建联通五国和"一带一路"沿线国家的中吉乌等纵横公路，这在一定程度上能够促进中国向西陆路贸易的发展。在软件建设方面，应该重点依托上海合作组织促进与中亚国家贸易便利化合作。目前，中亚国家的通关效率还比较低，根据《世界营商环境报告》数据中亚国家普遍通关时间比较长，吉尔吉斯斯坦每单进口合同进口时间需要70多天，乌兹别克斯坦则长达104天，这些国家平均进口时间比中国高3~4倍。为此，在进一步加强阿拉山口、霍尔果斯和巴克图口岸建设、推动国内陆港联动和国际贸易单一窗口建设的基础上要与中亚各国在海关通关、行政管理等方面进行贸易便利化合作，以此降低物流费用和提高清关效率。

加强中国与阿拉伯国家的贸易便利化合作。阿盟有22个国家，各个国家具体情况不同，经济发展差异较大，除了海合会产油国人均GDP比较高，其他国家经济发展较缓慢，贸易便利化水平相对较低。从综合阿拉伯各国海关环境和规制环境等指标的贸易便利化水平来看，2016年只有阿联酋得分超过0.7，为贸易比较便利化；卡塔尔、沙特阿拉伯、巴林和约旦贸易便利化水平得分高于0.6，即贸易一般便利化。而其他国家得分都

---

① 程云洁. 中国与吉尔吉斯斯坦经贸合作的制约因素分析 [J]. 新疆财经, 2014 (2): 60.

低于 0.6 分，处于不便利状态，具体如表 7-2 所示。① 基于这样的情况，中国还需要进一步推动与阿拉伯各个国家在海关管理、基础设施建设、国内规制和信息技术等方面的合作和协调。要积极参加阿拉伯国家港口、公路和铁路等工程建设的投标；要加强经贸政策的交流，及时交换政策规制、法律法规及海关管理信息。此外，要加强与阿拉伯国家电子商务合作，构建现代贸易网络。要争取建立中国对阿拉伯国家进行农产品贸易的 B2B 电子商务平台，通过提供完善的物流服务、消除结算等方面的跨国障碍来推进商人们在此平台上的集聚，进而通过对每项交易有效的制度规范，迅速建立起商人们基于该平台彼此间的信任，通过持续的贸易行为不断固化这种信任最终建立起成熟的现代贸易网络。

表 7-2　　　　　　　　　阿拉伯国家贸易便利化水平

国家	2011 年	2012 年	2013 年	2014 年	2015 年	2016 年
阿联酋	0.6840	0.7050	0.6882	0.6985	0.6991	0.7176
卡塔尔	0.6624	0.6950	0.6852	0.6979	0.7028	0.6883
沙特阿拉伯	0.6482	0.6575	0.6386	0.6229	0.6152	0.6191
巴林	0.6590	0.6544	0.6199	0.6145	0.6234	0.6265
阿曼	0.6432	0.6417	0.6306	0.6084	0.5766	0.5898
摩洛哥	0.5599	0.5728	0.5772	0.5873	0.5827	0.5946
约旦	0.5550	0.5628	0.5741	0.5724	0.5758	0.6099
突尼斯	0.5958	0.5485	0.5383	0.5174	0.5082	0.5069
科威特	0.5368	0.5382	0.5184	0.5115	0.5362	0.5444
埃及	0.5262	0.5240	0.5154	0.5200	0.5317	0.5343
黎巴嫩	0.3984	0.4723	0.4669	0.4544	0.4814	0.4927
阿尔及利亚	0.4405	0.4321	0.4324	0.4452	0.4634	0.4916
毛里塔尼亚	0.4478	0.4565	0.4077	0.3880	0.3984	0.4117
也门	0.3095	0.4015	0.3888	0.3719	0.3808	0.3895
利比亚	0.3834	0.3840	0.3443	0.3899	0.3347	0.3353

资料来源：杨韶艳国家社科西部项目，"一带一路"背景下推进中国与阿拉伯国家贸易投资便利化问题研究. 研究报告，2019.

---

① 张明霞. "一带一路"背景下中国与阿拉伯国家贸易便利化水平及影响研究 [D]. 银川：宁夏大学，2018：32.

7.1.3 加大对企业出口农产品开拓阿拉伯国家市场的支持力度

政府要积极为企业提供各种服务，进一步从管理职能向服务职能转变，要积极为企业提供阿拉伯国家市场准入、管理规章等方面的信息。加强对农产品在阿拉伯国家开拓市场的财政支持力度，各省份对优势产品拟进入阿拉伯国家市场的打包成项目予以补贴支持，对产品销售渠道建立、品牌推广、宣传、产品展览陈设等提供服务和资金支持，其中尤其应加大对品牌产品促销的支持力度，应使之达到项目金额的20%。加大信息服务力度，对于阿拉伯国市场，应通过建立协调机制，积极发挥管理部门、相关学者、企业和商人各自的管理、研究和信息优势，建立高效快捷的信息网，广泛整理搜集、预判阿拉伯国家各种产品供求、市场竞争等方面的信息，并免费提供给外贸企业，为外贸企业提供市场信息、技术、市场推广、市场进入策略等方面的咨询服务。此外，也要加强贸易摩擦和贸易壁垒预警机制建设，对于阿拉伯国家绿色贸易壁垒和农产品技术标准的变化要及时发布信息。

加大行业协会在市场推广中的作用。WTO对于政府在市场开拓中的直接干预设定了很多边界，对于使用行政手段具有很多限制。但是行业协会不同于政府机关，它作为非商业机构具有中性色彩，WTO对其在商业推广中的作用无明显限制，也难以对其采取的措施进行定性。因此，应该积极发挥农产品行业协会在市场推广中的作用，政府应该给予财政、金融、人才等方面更多的支持，充分发挥行业协会在国际市场开拓方面的协调、信息、技术服务等方面的作用。应积极发挥现有的国家级的和各省份食品和农产品的行业协会作用，将拓展阿拉伯国家市场作为中长期的一个目标规划，积极发挥信息传递、引导产品生产和规范市场竞争秩序等作用，将阿拉伯国家农产品进口市场作为中国外贸地理方向的重要组成部分。

7.1.4 加大境外农业投资力度，促进对阿拉伯国家农产品出口

近年来，中国企业对境外农业投资规模越来越大。根据中国商务部《中国对外投资统计公报》，2010年中国对外直接投资中对农、林牧、渔业投资流量仅为26.1亿美元，占比仅0.8%；2013年对农、林、牧、渔业的对外直接投资流量就达到了71.8亿美元，占全部对外直接投资的28.6%；2017年中国对外农、林、牧、渔业直接投资流量有所下降，为

25.1亿美元，占全部投资的1.6%。而随着"一带一路"建设的推进，越来越多的中国农业企业跨出国门，到"一带一路"沿线国家进行农业投资。

中国人均土地资源数量较少，农业人口众多，而且土地资源未能完全得到集约化使用，水资源等也非常稀缺，小农经济分散经营特征比较明显。基于这样的资源禀赋状况，许多农产品的生产不具有比较优势，产品成本和价格高企，甚至远远超过了国际市场价格。但是，中国农业生产也具有一些明显的优势，如资本雄厚、农产品生产种植技术、农业机械、农田水利和节水技术等比较先进；同时，"一带一路"沿线许多国家具有中国所不具有的明显的土地资源和劳动力优势。"一带一路"建设为中国与这些国家优势互补进行投资合作提供了良好的机遇。"一带一路"沿线的一些国家它们本身就是阿拉伯国家进口市场的主要来源国，如乌克兰及中亚国家、埃及和苏丹等北非国家、印度尼西亚等东南亚和南亚国家。这些国家与阿拉伯国家距离较近，有些国家历史上一直与阿拉伯国家有着较强的农产品贸易联系，因此这些国家农产品出口阿拉伯国家具有一定的"地缘"优势。因此，中国可以加大对北非、中亚和东南亚的农业投资，在当地投资生产，然后出口阿拉伯国家市场。目前，中国已经在毛里塔尼亚建立了农业产业园，可以进一步推进在这些"地缘"国家的农业产业园的建设。在对外投资中，可以充分使用国家农业对外直接投资项目优惠政策，如财政政策，产业投资基金、信贷保险和税收优惠等。同时要根据WTO规则，合理运用直接补贴政策，如勘察勘探费、可行性研究报告等，运保费补贴，境外突发事件处置费用和外派劳务人员的适应性培训费用等。

7.2 中观层面——夯实产业基础

7.2.1 不断提高中国农产品国际竞争力以应对在阿拉伯国家市场的竞争

进一步加强农业产业化建设，产业化是提高产品国际竞争力的重要途径。农业产业化是一种现代农业发展模式，它是指通过市场机制的运作，将生产资料和生产对象与农业生产环节的前、中、后期生产过程等有机结合起来，最终形成产供销一体化和农工商一体化。这种纵向农业产业化的概念最初兴起于发达国家,依靠经济法律关系将农业与工商业联合起来,随后传播至中国等发展中国家(曹金臣,2013)。农业产业化能够为农产品出口阿拉伯国家市场提供坚实的物质保障。在种植面积有限的条件下,要提高农业产业化水平和农业产品供给能力必须要依靠科技力量、劳动生产率的提高和集约化生产。一是要充分发挥科技对农业产业化的支持,积极发挥国家和地方农科院等农业科研机构的作用,激励高校产学研结合,鼓励和支持龙头企业与高校、科研院所合作,加强对关键技术的攻关,不断提高农业生产效率,提升农业机械装备水平、扩大高标准农田面积,开发有机、绿色农产品新品种。对于技术改造、新产品研发要予以更大幅度财政政策支持,鼓励并加大对基础研究的项目支持,进一步创新产学研融合的机制、体制。加大对科技研发和教育培训的支持力度,提高各农产品和食品产业教育培训预算,争取达到产业发展预算的15%,普遍提高就业人员劳动技能,以长远眼光为全面提高中国农业劳动生产率和产业竞争力奠定基础。二是贯彻党的十八大报告提出的"四个化":集约化、专业化、组织化、社会化,培育农业新型经营主体。中国小农经济特征明显,在国际竞争中处于劣势地位。因此,要创新农业经营模式,通过土地流转制度适度扩大农业生产规模,通过种植养殖大户、专业户、合作农场、家庭农场等新型经营主体以及"龙头企业+合作社+农户""合作社+农户""合作社+市场"等经营形式推进农业产业化经营,增加产品加工链条,提高产品附加值,打造高效农业。重视出口农产品生产加工基地的建设,尤其是对于各地的特色农产品生产应该建立出口产业园,为进入基地和园区进行生产的企业提供便利服务,如建立免费的农残检测实验室、推进与物流及口岸的协调等。

探索建立农产品和食品国际标准以提高产品竞争力。国际贸易的竞争早已从产品竞争转向了标准竞争,掌握国际标准决定了产品核心竞争优势状况,技术标准已经逐渐成为产业国际化发展的关键。阿拉伯国家进口农产品和食品的标准较高,大多采用欧美标准。在国际市场上,美国等发达国家掌握了大多数的产品标准,我国同类产品只能被动执行这些标准,在竞争中受制于人的现象非常普遍。中国各省份都有不同特色的农产品,尤其是现在这些产品的深加工已经具有了一些专利和加工技术,企业要有抢先制定这些产品国际标准的意识。配合建立国际标准的战略,要强化农产品和食品标准的执行和产品生产质量管理,应该以高标准来对生产和流通各环节进行管理,使产品获得良好的质量声誉和品牌声誉。当前尤为迫切的是需要对肉食、果品、蔬菜、乳制品等以较高的标准进行管理。近年来，中国食品安全问题频出，在一定程度上影响农产品、食品的出口。为此，中国需要重视塑造农产品和食品"安全、绿色、健康"品牌形象，要逐步达到国际标准和国外先进标准，以促进其出口竞争力，为扩大对阿拉伯国家出口创造条件。在建立产品质量标准体系及管理方面，需要向澳大利亚、新西兰等发达国家学习，如建立较完善的技术法规体系和质量保证体系，加强对农产品质量的控制和引导，政府制定严格的农产品分等分级标准，完全实现优质优价。在农业标准化工作法制管理基础上，实行政府管理市场、市场引导企业的模式，政府用法规方式对进入市场的农产品作出规定，并用统一的标准对法规进行技术上的细化等。

要完善农业融资体系加强支持保护。农业由于其特定的脆弱性导致金融服务进入具有高风险性，因此，完全依靠市场化取向的金融机构提供发展所需要的资金是不现实的。中国现存的农业产业化金融体系主要包括商业性金融、政策性金融和合作性金融。政策性金融机构包括农业发展银行、农业产业投资资金和政策性农业保险，其业务范围不宽，且随着大批资金投向城市工商业，涉农服务投资逐渐减少。而且，政策性金融资金的使用也需要进一步完善，它更多地投入农业基础设施建设，但是用于农业产业科技研发的资金支出比例仅占 0.7%～1.2%。[1] 而合作性金融规模小、使用范围窄，信用相对较低，风险较高。在这种状况下，还是需要政府加大对农业的融资支持，进一步加大对农业科技的投入。同时，鼓励各类产业基金的设立和投入农业。及时总结各地合作金融发展的经验，对于效果较好的联保的农户小额贷款模式应该加以推介扩大应用范围。对金融机构也要加以引导，扩大对农业产业的投资，尤其是要推动农业保险的使用，要学习美国农业保险的成果经验，为农业生产提供"保险阀"。同时要加大政府支持力度，与发达国家相比，中国农业支持保护体系还较不完善，支持保护水平较低。为此，我们必须在遵循多双边规则的基础上，不断加强对农业的支持与合理保护，创新支持和保护政策，形成既符合国际规则又反映中国国情的农业支持保护体系。须坚持农业投入与国民经济增长相适应的原则，继续加大对农业的支持力度，在 WTO 框架下，合理使用"绿箱补贴"等合理手段，加大对农业科技和农田水利等基础设施投入，扩大对农产品生产的种子、价格、农产品营销渠道建设等方面的补贴。

---

[1] 郑辉. 中国农业产业化融资体系建设研究——基于美国的经验启示 [J]. 世界农业，2018（9）：234.

7.2.2 紧抓"一带一路"机遇促进西部地区农业产业集聚，扩大对阿拉伯国家出口规模

目前，中国农产品和食品出口东部沿海地区是主力，西部地区出口较少，这与西部地区农业产业缺乏集聚性具有很大的关系。但是西部地区一些农产品生产具有很大的优势，也具有陆路联通阿拉伯国家市场的便利性。作为"一带一路"建设重要战略支点，随着"一带一路"建设的逐步深化，必将带来更多的开放机遇，西部地区应该积极抓住这一机遇巧借力来促进特色农产品和食品产业发展，这也将有助于脱贫和减贫工作。但是西部地区受制于现有微观经济基础和资源禀赋状况，短期内依靠自身实力，农产品和食品生产加工规模难以大幅度跨越提升，必须要"借力发展"。一是要依靠全国各地的农产品和食品企业来发展；二是要借力"开放"建设来发展。西部地区在积极贯通陆路通道的前提下，要积极建设对阿拉伯国家的贸易渠道，在积极组织将东部地区生产的优质农产品销售到阿拉伯国家市场的同时，利用"一带一路"建设带来的各种政策和机制创新吸引各地的企业到西部地区来生产，加大招商引资的力度，通过发挥市场机制作用来保证农产品生产所需要的资金、原料、管理经验和技术等。西部地区开放型经济试验区和各省份的综合保税区是很好的开放平台，其"政策洼地"效应将有利于吸引全国各地的农产品生产企业、国际资本的进入。西部地区要借助开发区和保税区平台，创新机制和体制，促进对阿拉伯国家出口的农产品和食品产业在西部地区的集聚，这是获得在认证、设计、研发、生产等方面竞争优势的重要途径，也是形成具有国际影响力的交易中心的重要基础。

西部地区农产品和食品生产散、小的行业格局极大地限制了出口，在利用10个全国农产品基地、323个无公害农产品产地等优势的基础上，应进一步培养一批竞争力强的农产品和食品生产加工企业，要站在较高的起点上对产业发展结合产业链的扩张进行整体规划，规划要有持续性。要结合产业发展规律、技术创新和市场需求变化等因素提前对各农产品和食品产业的延伸方向、技术支撑、贸易服务、区域布局等进行研究和引导，尤其是结合阿拉伯国家市场需求要探寻适合西部地区资源禀赋、物流和出口条件的重点突破行业，逐步解决目前农产品加工生产行业出卖"原材料"的资源型出口和产业链孤点状态，争取不断提高产品附加价值，塑造良好

产地形象和品牌形象，扩大产业集聚规模。在这方面，可以通过多参加阿联酋等作为中东地区贸易中转港国家的农产品和食品国际展览、与日本轻工食品行业多交流、积极与东南亚国家进行清真食品认证等方面的合作来逐步获取信息、技术和扩大自身声誉。对于各区域产业布局和发展而言，陕西的苹果和石榴等水果、宁夏的土豆和鲜花等、新疆的瓜果、内蒙古的牛羊肉等都可以因地制宜，不断提高产业集聚程度，最终获取在阿拉伯国家市场上的竞争优势。

7.2.3 加强对阿拉伯国家农产品进口需求研究

多年来，中国农产品出口主要面向欧美、日本、韩国和东南亚等地区，对阿拉伯国家农产品出口规模较小，众多企业对阿拉伯国家市场需求、贸易政策和关税状况不熟悉、不了解。阿拉伯国家人口出生率比较高，对农产品需求不断上升，要抓住阿拉伯国家日益增加的市场商机，首要的就是深入了解阿拉伯国家进口市场的基本状况，要认真对阿拉伯市场需求结构、需求规模、消费结构、消费偏好、贸易地理方向、产品的包装、口味、造型等进行深入研究。要加大对阿联酋、沙特阿拉伯等较高收入国家的农产品出口。要加大对阿拉伯国家市场蔬菜、水果、鲜花、园艺产品、熟肉制品等优势产品的出口力度；要不断提高农产品深加工能力，积极研发适于该市场的产品，挖掘市场潜力，如开发它们需求较大的速冻食品、豆制品、方便食品、婴幼儿食品、冰激凌、调味汁、饮料等。根据阿拉伯国家市场需求并结合中国的资源禀赋和农产品加工业基础确定中国对阿拉伯国家出口的主导产品、优势产品，制定中期、长期面向阿拉伯国家市场的新产品研发计划和专门的市场营销战略，逐步建立以需求为导向的出口体系。同时积极利用展会、网络信息等及时获取贸易管理制度的变化、贸易政策的趋向等。要以市场需求来引导生产，改变以产定销的传统贸易思维，加大主动参与国际分工的力度。

7.2.4 推进外贸综合服务企业发展，带动对阿拉伯国家的农产品出口

中国农产品出口偏重于具有成熟市场制度的国家和地区，阿拉伯国家市场对于各类农产品生产加工企业而言相对比较陌生。阿拉伯国家涉及22

个国家,语言、风俗习惯、政策法规和法律制度、历史文化等与中国迥然不同。与阿拉伯国家进行贸易,存在着与欧美国家进行贸易完全不同的特点和较大的风险。因此,在一定程度上,许多农产品生产出口企业根本没有开拓阿拉伯国家市场的规划和战略。根据我们对西北地区农产品生产出口企业的调查,80%以上的企业不熟悉阿拉伯国家经贸管理制度,也不清楚阿拉伯国家市场的消费偏好。根据交易成本理论,如果由单个从未接触过阿拉伯国家市场的企业搜寻阿拉伯国家买家、进行市场考察和资信调研,交易成本是巨大的,相对于最终获取的收益而言,其进行交易的动机是不足的。尤其对于像西部这样缺乏高素质的外贸人员的地区,其出口企业开拓阿拉伯国家市场的难度是非常大的。

  鉴于此,建议各地商务部门要加强对外贸综合服务企业的扶持力度,依靠这些中间服务商的力量来推动对阿拉伯国家的出口。目前,外贸综合服务企业有两大类,第一类是外贸综合服务平台,是指以整合各类环节服务为基础,然后统一投放给中小外贸企业,主要的服务包括国务院六条措施所指的融资、通关、退税、物流、保险等外贸必须环节,盈利也来自服务的批发和零售。① 外贸服务平台的思想在于将广大中小外贸企业成功实现出口而必须完成的报关、出口退税等各环节任务集中在平台上,由服务平台提供专业的服务,企业不需要再专门配置报关、报税等人员和部门,这将大大降低出口企业的交易成本并提高出口效率。随着信息化技术的快速发展,各地外贸服务平台提供的服务范围越来越广泛,已经从一般的通关、退税等扩展到融资、整个供应链的服务,因此,服务的综合性和服务效率越来越高。第二类外贸服务企业是在大数据管理思维下出现的专门帮助企业使其"产品"和"进口买家"精确匹配的服务企业。这一类的外贸企业服务重点在于借助自身在外贸领域的专业性和信息优势,将服务所涉及的边界延伸到国外市场,通过国内"卖家"和国际市场"买家"需求和供给信息的专业搜寻和匹配为出口企业寻找市场。这种服务有效地帮助中小外贸企业在信息不对称甚至"零"信息情境下开拓国际市场,将大大降低企业的搜寻成本,企业了解国际市场和卖家将变得比较容易,这会有效降低出口成本。这一类企业的发展对于各地开拓像阿拉伯国家这样企业不太熟悉的市场具有重大意义,商务部门应该对其业务开展和企业经营予以一定的补贴,支持其做大做强并形成一些区域性的中心服务企业,以

---

① 外贸综合服务平台为企业增效. 中国国际贸易促进委员会,2013 – 11 – 20.

规模经济的思维促进其为出口企业提供更高效的服务。

7.3 微观层面——可持续经营

7.3.1 加大品牌培育力度，走出口"精品"发展道路

出口"精品"的内在要求来自中国资源禀赋的约束和阿拉伯国家的进口需求。中国大宗粮食、油料等农产品在阿拉伯国家市场上不占有竞争优势，只有在蔬菜、水果等劳动密集型和技术密集型产品上具有优势，再加上以阿联酋等为首的产油国是进口大国，产品标准要求较高，因此应该坚定地走高附加值农业和"精品"出口道路。对于种植养殖业，要注重土壤、饲草等的"绿色"，生产过程要逐步标准化，控制农药化肥等的施加量，加强对疫病等的风险控制管理；对于农产品和食品加工业，引导企业以国际标准制定统一、规范、标准的制作工艺和引进先进的食品加工设备，根据阿拉伯国家市场需求进行产品布局，延伸产业链，加强质量控制和管理。争取在生产的各个环节以国际标准来监控，打造高质量高附加值的中国农产品。同时，要鼓励企业积极拓展阿拉伯国家市场，通过商会、经济参赞等途径加强与阿拉伯国家进口商的交流，要逐步建立以阿联酋为中心的销售渠道，形成销售网络。加强企业的国际市场营销、品牌运作，形成在阿拉伯国家市场的"优质绿色中国农产品"品牌形象。积极以中阿博览会为平台，进一步扩大中国农产品对阿拉伯国家的宣传，提高中国企业在阿拉伯地区的知名度。尤其是要将工作做细，要抓经贸合作的落实，为企业发展提供更为具体的服务，如可以以行业为单位对阿拉伯国家展开中国农产品生产出口企业及产品的宣传，产品展览要专业，水准要高，要有利于国外买家和中国出口厂商的业务接洽，避免大杂烩式的产品展示。

7.3.2 提升农业企业国际化水平，带动对阿拉伯国家的出口

比较优势既取决于资源禀赋，又取决于生产效率，而在当今不完全竞争市场结构下，规模经济和企业组织形式等也深刻影响着企业在国际市场

的竞争地位，在阿拉伯国家进口市场上，国际化程度较高的大企业显然在国际竞争中更具有优势。

多年来，中国农业生产和加工企业"小、散、弱"是农业产业化的一大障碍，也是中国农产品在国际竞争中处于弱势的重要原因。近年来，在各方面的积极推动下，中国农业产业的龙头企业发展较快，据中国农业农村部统计，截至 2017 年底，经县级以上农业产业化主管部门认定的龙头企业数量达到 8.7 万家。其中国家级重点龙头企业 1242 家，年销售收入超过 1 亿元和 100 亿元的省级以上龙头企业分别达到 8000 家和 70 家，全年农产品加工业主营业务收入超过 22 万亿元，增速达到 7%。虽然中国龙头企业数量不断增加，但是由于中国农业产业化起步较晚，农业企业的资本实力、经营机制、管理水平、科研开发能力、营销能力等与欧美大企业相比，都有很大的差距。企业对国际资源的统筹利用能力、国际资本和品牌运作能力、国际贸易运销渠道的建设、产品国际标准的建立等方面都比较薄弱，企业参与更多的是国内市场的资源配置和市场竞争，像美国的 ADM 公司、美国邦吉公司、美国佳吉、法国路易达孚四大"国际粮商"以及新西兰的佳沛公司等能够在全球范围经营并取得一定市场地位的企业较稀少，很明显，中国缺乏具有国际竞争力的国际化特征明显的龙头企业。而且，中国农业产业化龙头企业地域分布差异化特征明显，根据农业农村部课题组调研的 2017 年 819 家农业产业化龙头企业数据显示，东部、中部、西部的农业产业化龙头企业数量分别为 449 家、378 家、268 家，东部沿海地区和传统农业大省集中分布了 76% 的国家级重点农业产业化龙头企业，西部地区国际化的大企业较缺乏。

但是，中国面对的农产品国际竞争态势越来越开放，在阿拉伯国家市场上，中国面对的不仅有传统竞争对手欧盟、美国等，马来西亚、越南和印度等都已经形成了事实上的威胁。发展开放型农业、培育国际化程度较高的龙头企业刻不容缓。2019 年中央一号文件《中共中央国务院关于坚持农业农村优先发展做好"三农"工作的若干意见》明确提出要加快推进并支持农业"走出去"，培育一批跨国农业企业集团，提高农业对外合作水平。

要重视发展开放型农业，这是企业国际化发展的基础。要把国家级农业龙头企业培育成为发展开放型农业的经营主体，培育其国际竞争意识，并形成典型示范引导。鼓励通过市场良性竞争机制，促进产业集聚，提升企业组织化程度，规范行业竞争，形成一批农业大企业，在产业逐渐做大做强的同时逐步成长为国际企业，能够取得国际市场竞争力和话语权，稳步朝着国际化大型现代农业企业集团的目标迈进。同时要转变行业协会功能，完善有利于产业外向型发展的协会服务功能。

对于具有较好国内市场基础的大企业，应鼓励这类企业积极参与国际分工和国际竞争，逐步拓展国际销售渠道，塑造国际品牌，最终能够统筹配置国内国外资源，建立全球供应链并取得国际竞争优势。为此，对于在境外投资农产品加工、仓储物流、市场营销、国际贸易等企业经营活动，国家应有系统的配套支持政策、服务政策，应采取各种财税、金融等政策支持其发展。支持中国企业通过参股、并购等方式，在境外展开农业投资和经营活动，输出中国先进农业技术，同时不断引进新的科技和先进的管理经验。

中国农业企业应紧抓"一带一路"建设的难得机遇，积极加快国际化进程。目前，企业家们对企业的战略定位更多的是基于国内市场的竞争，对于国际化、国际市场战略考虑得较少，甚至就仅满足于已经获取的国内市场份额。针对阿拉伯国家市场，基于其市场潜力，企业应将其作为一个重要的出口市场来谋划，企业家们应主动应对阿拉伯国家市场上的国际竞争，及早制定发展战略，应根据市场需求特点进行产品结构的调整和布局，下大力气开拓阿拉伯国家市场，使其成为企业国际化布局的重要部分，这将有力地促进中国扩大与阿拉伯国家农产品贸易发展。

第 8 章

总结与展望

　　伴随着经济全球化，在改革开放的40多年里中国农产品对外贸易取得了长足的发展。农产品贸易对于中国调剂余缺满足国内需求、拉动农业产业化和提高农民收入都发挥了积极的作用。中国农产品出口规模和种类随着生产技术水平的提高、科技的发展以及加工能力的提升不断扩大，贸易伙伴国也在不断增加。但是，中国在农产品出口贸易发展中依然存在诸多的问题。首先，在市场拓展方面，由于各种原因，国外市场发展是不平衡的，一些潜在的具有较大进口需求的国家和地区市场占有率不足，其中中国对阿拉伯国家农产品出口存在规模过小，同时市场占有率还存在不断下降的问题。其次，随着劳动力成本、原材料等价格的不断上升，农产品国际竞争力的不断下降，这一点在中国对阿拉伯国家农产品出口中表现的也非常明显。中国对阿拉伯国家出口的主要是劳动密集型产品，土地密集型和技术密集型的农产品不具有优势。同时，一些劳动密集型产品的竞争力也随着国际竞争的加剧在下降。在阿拉伯国家市场上，美国、阿根廷、巴西、澳大利亚、印度、乌克兰等农产品供给大国具有较强的竞争优势。最后，中国农产品在出口过程中面临国外非关税壁垒、贸易便利化和社会风险等因素的影响。由于阿拉伯地区有着自身独特的政治、经济局势，中国对阿拉伯国家农产品出口环境更为复杂，面临的风险更大，这对于中国进一步拓展该市场具有一定的阻力。

　　进入到新的历史时期，中国确定了精准扶贫和乡村振兴等发展战略，也明确提出了农业现代化的发展路径，这对于农产品出口贸易发展也提出了更高的要求。随着"一带一路"倡议的提出，它为中国发展与沿线国家的农产品贸易也提供了难得的机遇。阿拉伯国家是中国共建"一带一路"的天然伙伴，其巨大的农产品进口市场为中国扩大农产品出口提供了潜在的机遇。中国与阿拉伯国家的农产品贸易合作符合双方的经济利益，能够带来互利共赢。因此，应积极抓住"一带一路"建设的机遇，采取各种措施，宏观、中观和微观各个层面协调行动，为促进中国对阿拉伯国家农产品的出口努力。具体来看，需要在充分了解阿拉伯国家市场需求的基础上，结合中国各地农业要素禀赋状况，通过政策引导，促进产业集聚、加大出口农产品质量提升、品牌塑造和构建出口销售渠道的力度，不断提升产品国际竞争力；坚持推进贸易便利化水平和加强政策沟通，积极推动农业国际化发展。

本书较为系统地对中阿农产品贸易的发展、规模和结构、互补性、国际竞争力以及贸易环境等进行了深入的分析，也对相关农产品贸易发展提出了具体的政策建议。但是，面对中阿农产品贸易发展这一课题，依然有一系列需要继续研究的问题，这些问题将是笔者未来继续努力的方向。

一是中海自贸区框架下的农产品贸易发展问题。中国与海合会关于成立自贸区的谈判正在推进过程中，影响农产品贸易发展的技术性贸易壁垒问题是谈判重要议题。为此，需要对阿拉伯国家农产品进口中存在的技术性贸易壁垒的种类、管理办法和贸易影响等进行深入分析，尤其是需要对这些贸易壁垒撤除的经济效应采取 GTAP 等方法进行政策模拟，政策模拟能够明确这些壁垒对双方 GDP、经济福利、出口和相关产业的影响，是中国推进中海自贸区谈判农产品贸易方面的重要决策依据。

二是贸易便利化对中阿农产品贸易发展影响的研究。随着"一带一路"建设的推进，中国与沿线国家（地区）达成的共识越来越多，正是推进贸易便利化的最好时机。阿盟 22 个国家经济政治等情况各异，贸易便利化水平差异较大，除了海合会成员国，其他国家贸易便利化水平相对较低，这对于中阿农产品贸易发展是不利的。因此，需要对阿拉伯国家贸易便利化水平进行评估，对存在的问题进行剖析，这样才能为双方推进贸易便利化谈判提供更具体的借鉴，为提高贸易便利化水平提供可行的方案。

三是国别研究。中国与各个阿拉伯国家农产品贸易的基础和互补性不同，不同国家的贸易政策和规制也不同。对阿拉伯国家农产品出口应该考虑具体国家和市场的状况，要作出具体的国别研究。目前，对阿拉伯国家市场的研究从整体切入的较多，从具体国家角度研究的较少，或者研究不够深入。为此，需要结合整体农产品出口贸易战略意图，选取重点国家进行研究，尤其是对于像阿联酋这样具有重要转口功能的地区的研究要加强。也需要结合各国未来经济社会发展趋势来研究各国的消费需求变化，加强对农产品营销、产品定位、企业对外投资等微观层面的研究。

参 考 文 献

[1] 艾哈迈德·沙里门. 海湾阿拉伯国家之间的经济合作和发展问题研究 [D]. 长春：吉林大学，2011.

[2] 安维华. 开辟中国与中东国家关系新天地的三十年 [J]. 西亚非洲，2008（1）：5-12.

[3] 蔡宏波，宋媛嫄，樊瑛，吴宗柠. 国际农产品贸易：基于复杂网络的分析 [J]. 北京师范大学学报（自然科学版），2018，54（02）：191-197.

[4] 蔡银寅，杜凯. 技术与技术性贸易壁垒：中国农产品对外贸易的出路在哪里？[J]. 产业经济研究，2010（03）：55-61，76.

[5] 陈建民. 阿拉伯农业的困惑 [J]. 阿拉伯世界，1989（04）：54-56.

[6] 陈杰. 试析阿拉伯粮食安全问题 [J]. 阿拉伯世界研究，2009（02）：61-68.

[7] 陈砺. "一带一路" 倡议下中国对沿线国家投资特点及政策建议 [J]. 对外经贸，2017（10）：57-59.

[8] 陈明敏，彭兴莲. 中国农产品出口变动特征分析：基于贸易增加值的视角 [J]. 世界农业，2018（11）：164-170.

[9] 陈沫. 中国与海湾合作委员会国家经济关系探析 [J]. 西亚非洲，2011（08）：24-37.

[10] 陈佩. 中国与印度在海湾国家商品出口竞争力的比较研究 [D]. 银川：宁夏大学，2017.

[11] 陈双喜. 中国与日韩服务业产业内贸易影响因素研究——基于贸易引力模型的实证分析 [J]. 国际贸易杂志，2010：13.

[12] 陈万灵. 我国鲜活农产品出口贸易的困境及对策 [J]. 农业经济问题，1999（02）：17-20.

[13] 陈雯. 中、马、泰三国电子产品在美国市场的出口竞争力 [J]. 国际贸易问题，2005（01）：49-54.

[14] 陈晓艳，朱晶. 中印农产品出口竞争关系分析 [J]. 世界经济

研究，2006（04）：52－58.

［15］陈勇兵，蒋灵多，曹亮. 中国农产品出口持续时间及其影响因素分析［J］. 农业经济问题，2012，33（11）：7－15，110.

［16］程国强. 中国农产品出口：竞争优势与关键问题［J］. 农业经济问题，2005（05）：18－22，79.

［17］程国强. 中国农产品出口：增长、结构与贡献［J］. 管理世界，2004（11）：85－96.

［18］程云洁. 中国与吉尔吉斯斯坦经贸合作的制约因素分析［J］. 新疆财经，2014（02）：58－64.

［19］程中海，冯梅，袁凯彬. "一带一路"背景下中国对中亚区域OFDI的能源进口贸易效应［J］. 软科学，2017，31（03）：30－67.

［20］［美］D·盖尔·约翰逊. 国际农产品贸易发展趋势及其对中美双边关系的影响［J］. 世界经济，1982（08）：13－16.

［21］邓黎. 多元化农产品加工对农业贸易的促进作用［J］. 农业经济，2018（05）：108－110.

［22］丁存振，肖海峰. 中国与中亚西亚经济走廊国家农产品贸易特征分析——基于"一带一路"战略背景［J］. 经济问题探索，2018（06）：112－122，163.

［23］董银果，黄俊闻. 中国出口农产品质量测度——基于嵌套Logit模型［J］. 中国农村经济，2016（11）：30－43.

［24］范文君. 丝绸之路经济带国际物流绩效对农产品出口二元边际的影响研究［D］. 杭州：浙江工业大学，2016.

［25］冯德连，黄远友. 浅析培育我国农产品对外贸易竞争优势［J］. 国际贸易问题，2003（12）：38－42.

［26］冯伟，邵军，徐康宁. 我国农产品出口贸易联系持续期及其影响因素：基于生存模型的实证研究［J］. 世界经济研究，2013（06）：59－65，89.

［27］高越，徐邦栋. 中国农产品加工业价值链分工地位研究［J］. 农业技术经济，2016（05）：110－121.

［28］耿献辉，江妮. 中国出口农产品质量及其影响因素［J］. 江苏农业科学，2017，45（10）：255－259.

［29］耿仲钟，肖海峰. 中国与"21世纪海上丝绸之路"沿线国家农产品贸易特征分析［J］. 农业经济问题，2016，37（06）：81－88.

[30] 宫同瑶, 王蔚. 偏好差异对中国—东盟农产品贸易边境效应的影响 [J]. 农业技术经济, 2014 (06): 110-119.

[31] 谷克鉴. 国际经济学对引力模型的开发与应用 [J]. 世界经济, 2001 (02): 14-25.

[32] 郭永田. 我国食用豆国际贸易形势、国际竞争力优势研究 [J]. 农业技术经济, 2014 (08): 69-74.

[33] 韩振国, 徐秀丽, 贾子钰. "一带一路" 倡议下我国对外农业合作空间格局的探索 [J]. 经济问题探索, 2018 (07): 98-104.

[34] 何安华, 秦光远. 中国农产品加工业发展的现状、问题及对策 [J]. 农业经济与管理, 2016 (05): 73-80.

[35] 何敏, 张宁宁, 黄泽群. 中国与 "一带一路" 国家农产品贸易竞争性和互补性分析 [J]. 农业经济问题, 2016, 37 (11): 51-60, 111.

[36] 何文彬. 中国—中亚—西亚经济走廊的战略内涵及推进思路 [J]. 亚太经济, 2017 (01): 29-40, 173-174.

[37] 何艳. FDI 对我国农产品加工业的出口溢出效应分析——基于面板数据的实证研究 [J]. 农业经济问题, 2008 (02): 86-91.

[38] 胡冰川. 中国农产品进口增长: 原因与结果 [J]. 清华金融评论, 2018 (07): 48-50.

[39] 胡晓雨, 祁春节, 向云. 中国与巴基斯坦农产品贸易的竞争性与互补性研究 [J]. 世界农业, 2017 (08): 58-66.

[40] 黄嘉瑜, 柳汶秀. "一带一路" 背景下中国与海合会国家合作的政治经济风险分析 [J]. 经济视角, 2017 (01): 96-108.

[41] 黄杰, 刘成, 冯中朝. 中国对 "一带一路" 沿线国家农产品出口增长二元边际及其影响因素分析 [J]. 中国农业大学学报, 2018, 23 (12): 187-199.

[42] 黄静波, 赖伟娟. 广东省出口产业比较优势分析 [J]. 国际贸易问题, 2004 (01): 61-67.

[43] 黄仁伟, 张兆安. 国际贸易学国际理论前沿 [M]. 上海: 上海社会科学院出版社, 2017.

[44] 黄艺. "一带一路" 国家贸易便利化对中国农产品出口的影响研究 [J]. 世界农业, 2018 (08): 102-109.

[45] 黄运发. 阿拉伯国家的农业发展近况 [J]. 阿拉伯世界, 1999 (01): 26-27.

[46] 黄祖辉,王鑫鑫,宋海英. 中国农产品出口贸易结构和变化趋势 [J]. 农业技术经济, 2009 (01): 11-20.

[47] 霍建国. 重视发展对外贸易构建新的竞争优势 [J]. 国际经济合作, 2013 (02): 4-7.

[48] 姜爱林. 出口评价法:评价国际竞争力的重要手段 [J]. 理论学刊, 2004 (02): 66-68.

[49] 姜英梅. 中东阿拉伯国家金融自由化探析 [J]. 阿拉伯世界研究, 2012 (01): 75-90.

[50] 鞠荣华,李小云. 中国农产品出口价格汇率传递研究 [J]. 中国农村观察, 2006 (02): 16-23.

[51] 孔祥智,钟真,毛学峰. 全球经济危机对中国农产品贸易的影响研究 [J]. 管理世界, 2009 (11): 84-97.

[52] 雷瑞. 东南亚国家农业投资潜力与我国农业"走出去"策略 [J]. 农村经济, 2017 (04): 80-85.

[53] 李常君. 中国蔬菜出口日本的增长效应分析 [J]. 世界经济研究, 2006 (02): 59-64.

[54] 李丹,夏秋,周宏. "一带一路"背景下中国与中东欧国家农产品贸易潜力研究——基于随机前沿引力模型的实证分析 [J]. 新疆农垦经济, 2016 (06): 24-32.

[55] 李凡,李娜,刘沛罡. 中印技术创新政策演进比较研究——基于目标、工具和执行的定量分析 [J]. 科学学与科学技术管理, 2015, 36 (10): 23-31.

[56] 李芳. 农产品出口型技术性贸易壁垒的统计测算 [J]. 统计与决策, 2017 (07): 85-88.

[57] 李慧玲,马海霞,陈军. "一带一路"战略下中印、中巴贸易增长因素研究——基于修正的 CMS 模型分析 [J]. 经济问题探索, 2016 (03): 127-135.

[58] 李建平,刘现武,刘冬梅. 中国与智利农产品贸易分析 [J]. 农业技术经济, 2007 (02): 42-47.

[59] 李金叶,谷明娜. 中国与"一带一路"沿线国家农产品贸易规模、结构及发展潜力研究 [J]. 干旱区地理, 2018, 41 (05): 1097-1105.

[60] 李明丽. 中国与阿拉伯国家贸易发展影响因素研究 [D]. 银

川：宁夏大学，2014.

[61] 李全中. "一带一路"建设对我国农业对外发展环境的影响研究 [J]. 中国农业资源与区划，2018，39（06）：23-27.

[62] 李文霞，杨逢珉. 我国农产品出口贸易潜力研究 [J]. 统计与决策，2017（03）：134-137.

[63] 李益波. 海合会国家的粮食安全问题及其应对措施 [J]. 世界农业，2013（06）：103-167.

[64] 李益波. 印度与海合会经贸关系的新发展 [J]. 国际经济合作，2012（10）：67-70.

[65] 李有福. 我国农产品对外贸易现状及国际竞争力分析 [J]. 现代经济信息，2018（18）：121-122.

[66] 李玉梅. 中国与印度农业贸易发展环境及政策比较 [J]. 世界农业，2016（07）：140-143.

[67] 梁丹辉，吴圣，李婷婷. 中国和西亚农业合作现状及未来展望 [J]. 农业展望，2017，13（06）：75-79.

[68] 刘冬. 中国与海合会货物贸易的发展现状、问题及其应对 [J]. 阿拉伯世界研究，2012（01）：91-107.

[69] 刘宏曼，王梦醒. 制度环境对中国与"一带一路"沿线国家农产品贸易效率的影响 [J]. 经济问题，2017（07）：78-84.

[70] 刘佳，徐恒永，郭玉秋，吴建军，尹庆良. 中国援苏丹农业技术示范中心的经验和做法 [J]. 世界农业，2016（07）：205-208，211.

[71] 刘靖，毛学峰，辛贤. 我国农产品出口不稳定性成因的初步探析——以粮食、茶叶、棉花为例 [J]. 中国农村观察，2006（01）：2-10，80.

[72] 刘靖，毛学峰，辛贤. 中国农产品出口地理结构的衡量与分析 [J]. 世界经济，2006（01）：40-49，96.

[73] 刘睿杰. 我国农产品贸易竞争力及问题分析 [J]. 农村经济与科技，2017，28（24）：45-48.

[74] 刘书美. 阿拉伯国家的粮食问题 [J]. 阿拉伯世界，1989（03）：53-55.

[75] 刘素君，李董林. "一带一路"视角下中国—海合会FTA经济效应研究——基于GTAP的模拟分析 [J]. 工业技术经济，2017，36（09）：137-145.

[76] 刘小波，陈彤．中国农产品出口哈萨克斯坦的结构与比较优势分析［J］．农业经济问题，2009（03）：81-86．

[77] 刘云鹏．中国与西亚国家农产品贸易发展问题及提升路径［J］．对外经贸实务，2018（05）：30-33．

[78] 刘志中．"一带一路"战略下中俄双边贸易的竞争性、互补性及发展潜力［J］．经济问题探索，2017（07）：95-102，115．

[79] 刘中民．定位中阿战略合作关系的内涵——解读《中国对阿拉伯国家政策文件》［J］．世界知识，2016（04）：58-59．

[80] 刘子飞．中国农产品对外贸易环境效应的实证分析［J］．经济问题探索，2014（12）：110-117．

[81] 柳莉，王泽胜．"一带一路"建设在海湾地区进展与挑战［J］．国际问题研究，2017（02）：42-57．

[82] 卢小兰，冯柳依．中国与新兴市场国家双边农产品贸易影响因素及潜力研究［J］．价格月刊，2017（07）：42-48．

[83] 罗来军，罗雨泽，刘畅，Saileshsingh Gunessee．基于引力模型重新推导的双边国际贸易检验［J］．世界经济，2014，37（12）：67-94．

[84] 马丹．人民币实际汇率与中国国际竞争力问题研究［D］．上海：复旦大学，2006．

[85] 马轶群．农产品贸易、农业技术进步与中国区域间农民收入差距［J］．国际贸易问题，2018（06）：41-53．

[86] 孟猛，郑昭阳．人民币实际汇率和汇率错位对中国制造业出口贸易的影响——基于中国和主要贸易伙伴间面板数据的实证研究［J］．世界经济研究，2008（05）：51-58，88．

[87] 倪洪兴．我国重要农产品产需与进口战略平衡研究［J］．农业经济问题，2014，35（12）：18-24．

[88] 倪星源．阿拉伯国家的农业问题及其措施［J］．西亚非洲，1986（04）：24-27．

[89] 倪月菊．"一带一路"背景下中国—海合会自贸区谈判的重启——背景、意义及政策建议［J］．国际贸易，2015（06）：53-56．

[90] 牛宝俊，姚长春，刘克刚．中国农产品对外贸易比较优势变动及其政策取向［J］．中国农村观察，1996（06）：56-63．

[91] 牛宝俊．中国农产品对外贸易比较优势格局与剖析［J］．国际贸易问题，1997（03）：10-15．

[92] 钮松. 东盟与海湾合作委员会经贸合作关系发展及启示 [J]. 亚太经济, 2011 (03): 9-13.

[93] 彭芳, 雷美康, 郑彩霞等. "一带一路"战略下海合会技术性贸易措施研究与应对 [J]. 标准科学, 2018 (01): 133-138.

[94] 钱涛, 冯中朝, 李谷成. 中国农产品出口增长的主导因素: 集约边际还是扩展边际 [J]. 现代财经 (天津财经大学学报), 2016, 36 (07): 28-37, 103.

[95] 钱涛. 中国农产品出口增长二元边际及其影响因素研究 [D]. 武汉: 华中农业大学, 2017.

[96] 佘莉, 杨立强. 中国—海合会 FTA 对双边贸易影响的 GTAP 模拟分析 [J]. 亚太经济, 2012 (06): 37-41.

[97] 佘莉. 中国自海合会国家非油气商品进口前景与影响因素分析 [J]. 经济问题探索, 2012 (10): 130-136.

[98] 沈昌纯. 阿拉伯世界"食物安全"问题及中、阿合作可能性初探 [J]. 西亚非洲, 1989 (04): 1-78.

[99] 沈国际, 魏皓阳. 绿色发展视角下的我国农产品贸易问题探讨 [J]. 国际贸易, 2017 (05): 31-32, 43.

[100] 施炳展, 冼国明, 逯建. 地理距离通过何种途径减少了贸易流量 [J]. 世界经济, 2012, 35 (07): 22-41.

[101] 史朝兴, 顾海英, 秦向东. 引力模型在国际贸易中应用的理论基础研究综述 [J]. 南开经济研究, 2005 (02): 39-44.

[102] 舒燕. 我国农产品贸易逆差形成因素及改进措施 [J]. 农业工程, 2017, 7 (05): 167-169.

[103] 帅传敏, 程国强, 张金隆. 中国农产品国际竞争力的估计 [J]. 管理世界, 2003 (01): 97-103, 153.

[104] 宋海英, Jensen H. Helen. SPS 措施对中国蜂蜜出口欧盟的影响——基于面板数据的实证分析 [J]. 国际贸易问题, 2014 (01): 83-91.

[105] 宋海英, 孙林. 中泰农产品零关税协议下蔬菜贸易的竞争关系研究 [J]. 世界经济研究, 2004 (03): 49-54.

[106] 宋海英. 中国—拉美农产品贸易的影响因素: 基于引力模型的实证分析 [J]. 农业经济问题, 2013, 34 (03): 74-78, 112.

[107] 粟若杨, 郭静利. 中国和沙特阿拉伯农业重点合作领域前景分析 [J]. 农业展望, 2016, 12 (08): 67-71.

[108] 孙会敏, 张越杰. 中国农产品进出口与农业结构优化的关系研究——基于VAR模型和协整检验的实证分析 [J]. 农业技术经济, 2016 (12): 4-12.

[109] 孙瑾, 杨英俊. 中国与"一带一路"主要国家贸易成本的测度与影响因素研究 [J]. 国际贸易问题, 2016 (05): 94-103.

[110] 孙致陆, 李先德. "一带一路"沿线国家与中国农产品贸易现状及农业经贸合作前景 [J]. 国际贸易, 2016 (11): 38-42.

[111] 孙致陆, 李先德. 经济全球化背景下中国与印度农产品贸易发展研究——基于贸易互补性、竞争性和增长潜力的实证分析 [J]. 国际贸易问题, 2013 (12): 68-78.

[112] 汤碧, 张璨. 中日韩农产品加工业贸易关系实证研究 [J]. 农业技术经济, 2016 (10): 106-115.

[113] 唐宇华. 阿拉伯国家的经济结构与经济发展 [J]. 西亚非洲, 1989 (06): 37-43.

[114] 田贞余. 中国劳动密集型产品出口竞争力分析 [J]. 改革与战略, 2005 (01): 19-22.

[115] 童晓乐. 中国农产品贸易持续性与潜力研究 [D]. 杭州: 浙江工业大学, 2017.

[116] 万金, 祁春节. 改革开放以来中国农产品对外贸易比较优势动态研究——基于NRCA方法的分析 [J]. 世界经济研究, 2012 (04): 51-57, 88.

[117] 万里, 杨明星. 海合会一体化中的优势与困境 [J]. 西亚非洲, 2006 (06): 41-46.

[118] 万晓宁, 孙爱军. 中国与东盟出口农产品竞争力的比较研究——基于技术含量和竞争态势视角 [J]. 国际商务(对外经济贸易大学学报), 2016 (06): 64-73.

[119] 汪波. 欧盟与海湾国家合作伙伴关系的建立与发展 [J]. 阿拉伯世界, 2005 (03): 2-7.

[120] 汪晶晶, 马惠兰, 唐洪松, 戴泉. 中国农业对外直接投资区位选择的影响因素研究 [J]. 商业经济与管理, 2017 (08): 88-97.

[121] 王国志, 葛延昭. 中国—海合会自贸区建立的经贸基础及预期效应分析 [J]. 印度洋经济体研究, 2017 (05): 99-122.

[122] 王惠方. 中国出口海湾6国的农产品现状及潜力研究 [J]. 世

界农业, 2012 (03): 72-75.

[123] 王纪元, 肖海峰. 中国出口农产品质量及国际比较——基于嵌套 Logit 模型 [J]. 农业技术经济, 2018 (03): 133-142.

[124] 王金岩. 中国与阿联酋共建"一带一路"的条件、问题与前景 [J]. 当代世界, 2017 (06): 66-69.

[125] 王进, 巫雪芬. "金砖四国"产业内贸易的经济效应分析 [J]. 改革与战略, 2011, 27 (06): 181-183.

[126] 王领. 中国农产品对外贸易的发展对策 [J]. 亚太经济, 2002 (02): 52-55.

[127] 王琦, 冯勇, 马志刚. 中国农产品和农业企业国际竞争力研究 [J]. 经济问题探索, 2017 (04): 52-59.

[128] 王琦. 我国对亚洲区域农业投资的主要目标与任务 [J]. 经济纵横, 2017 (02): 93-98.

[129] 王瑞, 王永龙. 我国与"丝绸之路经济带"沿线国家农产品进口贸易研究 [J]. 经济学家, 2017 (04): 97-104.

[130] 王瑞, 温怀德. 中国对"丝绸之路经济带"沿线国家农产品出口潜力研究——基于随机前沿引力模型的实证分析 [J]. 农业技术经济, 2016 (10): 116-126.

[131] 王士权, 常倩, 王宇. CNFTA 背景下中国牛羊肉进口变化特征与贸易效应——基于 DID 和 Heckman 两步法的实证分析 [J]. 农业技术经济, 2016 (04): 114-124.

[132] 王是业. 新形势下与海合会国家开展"一带一路"经贸合作的基础、机遇和挑战 [J]. 国际论坛, 2017, 19 (04): 54-61.

[133] 王婉如. 技术标准、贸易壁垒与国际经济效应研究——基于"一带一路"沿线国家的实证分析 [J]. 国际贸易问题, 2018 (09): 80-94.

[134] 王祥, 强文丽, 牛叔文, 刘爱民, 成升魁, 李真. 全球农产品贸易网络及其演化分析 [J]. 自然资源学报, 2018, 33 (06): 940-953.

[135] 王银梅, 任丽娟. 中国对外反倾销对本国农产品出口的影响分析 [J]. 农业经济问题, 2016, 37 (12): 73-83, 111-112.

[136] 王瑛. "一带一路"与中国对海合会的农产品与食品出口 [J]. 阿拉伯世界研究, 2015 (04): 59-72.

[137] 王应贵. 东亚汇率变动能否为我国出口贸易带来竞争优势 [J]. 国际贸易问题, 2007 (02): 123-127.

[138] 王蕴琪, 田志宏. 中国农产品对外贸易价格指数测算研究 [J]. 统计与决策, 2008 (19): 12-14.

[139] 魏浩. 中国工业制成品出口竞争力及其提升策略 [J]. 国际经贸探索, 2008 (06): 77-82.

[140] 魏素豪. 中国与"一带一路"国家农产品贸易: 网络结构、关联特征与策略选择 [J]. 农业经济问题, 2018 (11): 101-113.

[141] 问泽霞, 张晓辛. 我国农产品贸易区域差异性研究: 1994~2012 [J]. 商业研究, 2013 (12): 153-158.

[142] 吴腊梅, 李艳军. 中国农产品出口目的地与企业生产率 [J]. 宏观经济研究, 2017 (08): 162-174.

[143] 吴磊, 杨泽榆. 阿拉伯国家社会转型中经济发展面临的挑战 [J]. 阿拉伯世界研究, 2014 (09): 12-24.

[144] 吴思科. "一带一路"框架下的中国与海合会战略合作 [J]. 阿拉伯世界研究, 2015 (02): 4-13.

[145] 吴学君, 王鹏. 中国农产品出口技术结构演进及其经济效应研究——基于省级层面的实证 [J]. 商业经济研究, 2018 (24): 115-118.

[146] 吴玉鑫. 农产品国际贸易对我国农业经济增长的影响 [J]. 农业经济, 2018 (06): 127-128.

[147] 肖维歌. 在"一带一路"战略背景下中国与海合会国家贸易发展与展望 [J]. 对外经贸实务, 2015 (03): 17-20.

[148] 肖洋. "一带一路"框架下阿拉伯国家的粮食危机 [J]. 阿拉伯世界研究, 2015 (04): 45-58.

[149] 谢国娥, 张亮, 杨逢珉. 中国与 TPP 成员国农产品贸易关系及其影响因素研究 [J]. 华东理工大学学报 (社会科学版), 2016, 31 (06): 44-55.

[150] 谢建国, 张丽. 投资促进还是效率促进——中国产品出口竞争力影响因素研究 [J]. 财经理论与实践, 2011, 32 (04): 91-98.

[151] 徐芬, 刘宏曼. 中国农产品进口的自贸区贸易创造和贸易转移效应研究——基于 SYSGMM 估计的进口需求模型 [J]. 农业经济问题, 2017, 38 (09): 76-84, 111-112.

[152] 徐梁. 基于中国与"一带一路"国家比较优势的动态分析 [J]. 管理世界, 2016 (02): 170-171.

[153] 徐世腾. 基于贸易流量的引力模型: 最新研究进展综述 [J].

中南财经政法大学学报, 2014 (05): 103 - 110.

[154] 徐艳. 中国与"丝绸之路经济带"沿线国家农产品贸易格局、结构及比较优势演化研究 [J]. 当代经济, 2018 (15): 82 - 86.

[155] 徐长松, 赵霞. 中国与"一带一路"国家农业贸易合作的现状、问题与前景展望 [J]. 农业经济, 2018 (10): 130 - 131.

[156] 许庆, 范英, 吴方卫. 零关税政策背景下中国—东盟自贸区农产品贸易对中国经济影响的模拟分析 [J]. 世界经济研究, 2011 (11): 81 - 86, 89.

[157] 许为, 陆文聪. 中国农产品比较优势的动态变化: 1995~2013年 [J]. 国际贸易问题, 2016 (09): 3 - 15.

[158] 杨宝生. 沙特发展农业取得成就 [J]. 国际经济合作, 1988 (02): 58 - 57.

[159] 杨光. 中国与海湾国家的战略性经贸互利关系 [J]. 国际经济评论, 2014 (03): 101 - 110.

[160] 杨建荣, 孙京盟. 阿拉伯国家粮食安全问题探究 [J]. 西亚非洲, 2009 (11): 33 - 40, 80.

[161] 杨建荣. 阿拉伯海湾国家经济一体化及面临的挑战 [J]. 国际商务 (对外经济贸易大学学报), 2007 (01): 43 - 47.

[162] 杨莲娜. 中国农产品出口沙特阿拉伯市场分析 [J]. 世界农业, 2008 (07): 49 - 52.

[163] 杨睿, 刘德江, 朱雯, 朱震. 中国农产品对外贸易的比较优势分析 [J]. 农业经济问题, 2002 (12): 50 - 52.

[164] 杨韶艳, 李明丽. 中国与阿拉伯国家贸易现状、结构和发展趋势分析 [C]. 中国—阿拉伯国家博览会理论研讨会论文集, 2013 (04).

[165] 杨韶艳. 中国农产品对沙特阿拉伯的出口及发展空间探析 [J]. 对外经贸实务, 2011 (06): 54 - 57.

[166] 杨怡爽. 中印两国商品在美国市场的竞争性分析 [J]. 云南大学学报 (社会科学版), 2006 (06): 52 - 57, 93.

[167] 杨照, 陈伟忠. 中国特色农产品出口竞争力提升战略研究 [J]. 世界农业, 2018 (12): 220 - 225.

[168] 阴医文, 王宏新, 张文杰. "一带一路"背景下我国对中东直接投资: 战略意义、政治风险与对策 [J]. 国际贸易, 2017 (04): 26 - 29.

[169] 尹宗成, 田甜. 中国农产品出口竞争力变迁及国际比较——基

于出口技术复杂度的分析 [J]. 农业技术经济, 2013 (01): 77-85.

[170] 于津平, 顾威. "一带一路"建设的利益、风险与策略 [J]. 南开学报 (哲学社会科学版), 2016 (01): 65-70.

[171] 余泳. 中国与海湾合作委员会关系研究 (1981~2010) [D]. 上海: 上海外国语大学, 2011.

[172] 余玉萍. 阿拉伯国家的粮食问题 [J]. 阿拉伯世界, 1999 (01): 28-29.

[173] 喻美辞, 王增栩. 中国农产品出口的本地市场效应研究——兼论需求导向的农业供给侧改革 [J]. 华中农业大学学报 (社会科学版), 2018 (03): 18-26, 153.

[174] 张海森, 谢杰. 中国—非洲农产品贸易的决定因素与潜力——基于引力模型的实证研究 [J]. 国际贸易问题, 2011 (03): 45-51.

[175] 张剑, 尚艳丽, 定明明等. 中国石油与阿联酋油气合作分析 [J]. 国际石油经济, 2018, 26 (28): 18-25.

[176] 张金昌. 国际竞争力评价的理论和方法 [M]. 北京: 经济科学出版社, 2002.

[177] 张敏. 地理学视角下中国与阿拉伯国家合作发展研究 [D]. 西安: 陕西师范大学, 2015.

[178] 张明霞. "一带一路"背景下中国与阿拉伯国家贸易便利化水平及影响研究 [D]. 银川: 宁夏大学, 2018.

[179] 张双双. "一带一路"背景下中国对阿拉伯国家出口潜力的实证研究 [D]. 济南: 山东财经大学, 2015.

[180] 张彤璞, 韩洋. 中国与丝绸之路经济带国家农产品贸易影响因素及潜力研究 [J]. 商业研究, 2017 (04): 169-177.

[181] 张颖. 新时代我国农产品贸易面临的新特点及完善路径初探 [J]. 农业经济, 2018 (10): 132-133.

[182] 张昱. 广东省外贸竞争力评析 [J]. 国际贸易问题, 2006 (01): 61-68.

[183] 赵东麒, 桑百川. "一带一路"倡议下的国际产能合作——基于产业国际竞争力的实证分析 [J]. 国际贸易问题, 2016 (10): 3-14.

[184] 赵金鑫, 田志宏. 中国对"一带一路"国家的农产品出口效率 [J]. 西北农林科技大学学报 (社会科学版), 2019, 19 (01): 111-117, 127.

[185] 赵一夫, 田志宏, 乔忠. 中国农产品对外贸易的产品结构特征分析 [J]. 农业技术经济, 2005 (04): 33-37.

[186] 郑辉. 中国农业产业化融资体系建设研究——基于美国的经验启示 [J]. 世界农业, 2018 (09): 232-237.

[187] 郑慧. 中国农业对外投资的战略思考 [J]. 经济研究参考, 2017 (39): 56-63.

[188] 周跃雪. "一带一路" 农产品贸易便利化及其制度建设对策 [J]. 农村经济, 2018 (07): 95-101.

[189] 邹朋成. 广西外贸竞争力分析 [J]. 中山大学学报论丛, 2006 (01): 125-129.

[190] 邹志强. 中东地缘政治经济新格局及其对"一带一路"的影响 [J]. 当代世界与社会主义, 2018 (06): 174-180.

[191] 邹志强. 中东剧变与海合会区域经济合作 [J]. 阿拉伯世界研究, 2014 (02): 65-76.

[192] Adam E. Ahmed, Sawsan M. Abdelsalam, Khalid H. A. Sidding. Do Grain Reserves Necessarily Contribute to Prices Stability and Food Security in Sudan? An Assessment [J]. Journal of the Saudi Society of Agricultural Sciences, 2012, 11 (02): 143-148.

[193] Alain Pouliquen. Competitiveness and Farm Incomes in the Ceec Agri-Food Sectors Implcations Before and After Accession for Eu Markets and Policies [M]. Institut National de la Recherche Agronomique, 2001.

[194] Antràs Pol. Firms, Contracts and Trade Structure [J]. Quarterly Journal of Economics, 2003, 118 (04): 1375-1418.

[195] Bela Balassa. The Purchasing Power Parity Doctrine: A Reappraisal [D]. Yale University Economic Growth Center, 1965.

[196] Bryan Lohmar. Will China Import More Corn? [J]. Choices, 2015, 30 (02): 3-9.

[197] Barry Krissoff, Nicole Ballenger, John Dunmore, et al. Exploring Linkages Among Agriculture, Trade and the Environment: Issues for the Next Century [R]. U. S. Department of Agriculture, 1996 (738), 1-35.

[198] Cornelius Hirsch, Harald Oberhofer. Bilateral Trade Agreements and Trade Distortions in Agricultural Markets [J]. Department of Economics, 2017 (240): 1-23.

[199] D. Al-Kandari, D. J. Jukes. A Situation Analysis of the Food Control Systems in Arab Gulf Cooperation Council (GCC) Countries [J]. Food Control, 2009 (20): 1112-1118.

[200] Decio Zylbersztajn, Claudio A. Pinheriro Machado Filho. Competitiveness of Meat Agri-food Chain in Brazil [R]. Supply Chain Management: An International Journal, 2003, 08 (02): 155-165.

[201] Dina Al-Kandari, David J. Jukes. The Food Control System in Saudi Arabia-Centralizing Food Control activities [J]. Food Control, 2012 (28): 33-46.

[202] David. L. Ortega, H. Holly Wang, Maolong Chen. Emerging Markets for U. S. Meat and Poultry In China [J]. Choices, 2015, 30 (2): 10-14.

[203] D. A. Tookey. Factors Associated with Success in Exporting [J]. Journal of Management Studies, 1964, 01 (01): 48-66.

[204] David Hummels, Kwan Yong Lee. The Income Elasticity of Import Demand: Micro Evidence and an Applacation [J]. National Bureau of Economic Research, 2018 (113): 20-34.

[205] Daniele Giovannucci, Timothy Purcell. Standards and Agricultural Trade in Asia [R]. ADB Institute, 2008 (107): 1-27.

[206] Donatella Baiardi, Carluccio Bianchi, Eleonora Lorenzini. Food Competition in World Markets: Some Evidence from a Panel Data Analysis of Top Exporting Countries [J]. Department of Economics, Management and Statistics, 2013 (262): 1-29.

[207] Emiko Fukase, Will Martin. Agro-processing and Horticultural Exports from Africa [J]. United Nations University Word Insititude for Development Economics Research, 2016 (174): 1-35.

[208] Fagerberg J. Innovation and Catching-Up: Why Some Countries Succeed and Others Do Not [D]. Georgia Institute of Technology, 2005.

[209] Elizabeth Gooch, Fred Gale. Get Ready for Chinese Overseas Investment in Agriculture [J]. Choices, 2015, 30 (02): 15-20.

[210] Encheng Chen, Steve Flint, Paul Perry, et al. Implementation of Non-regulatory Food Safety Management Schemes in New Zealand: A Survey of the Food and Beverage Industry [J]. Food Control, 2015 (147): 569-576.

[211] Finger, M. E. Kreinin. A Measure of Export Similarity and Its Pos-

sible Uses [J]. The Economic Journal, 1979 (89): 905 –912.

[212] Fred Gale. China's Growing Participation in Agricultural Markets: Conflicting Signals [J]. Choices, 2015, 30 (2): 21 –27.

[213] Frankel J., Stein E., Wei S. J. Regional Trading Blocs in the World Economic System [M]. Washington: Institute for International Economics, 1997.

[214] Grether Jean – Marie, Melo J. Globalization and Dirty Industries: Do Pollution Havens Matter? [D]. National Bureau of Economic Research, 2003.

[215] Helen B. Junz, Rudolf R. Rhomberg. Prices and Export Performance [C]. Proceedings of the Business and Economic Statistics Section American Statistical Association, 1964.

[216] Husam F. Alomirah, Sameer F. Al – Zenki, Wajeeh N. Sawaya. Assessment of the food Control System in the State of Kuwait [J]. Food Control, 2010 (21): 496 –504.

[217] Holly Wang. The me Overview: China as the Leading U. S. Agricultural Export Market [J]. Choices, 2015, 30 (02): 1 –2.

[218] Haiying Song, Kevin Chen. Trade Effects and Compliance Costs of Food Safety Regulations: the Case of China [J]. Agriculture and Agricultural Science Procedia, 2010 (01): 429 –438.

[219] Inving B. Kravis, Robert E. Lipsey. Price Competitiveness in World Trade [J]. NBER Studies in International Economic Relations, 1971 (06): 738.

[220] Ivan Deseatnicov, Konstantin Kuchervavyy. Exports and FDI Entry Decision: Evidence from Japanese Foreign-affiliated Firms [J]. RIETI Discussion Paper Series, 2017 (36): 1 –23.

[221] James E. Anderson, Eric van Wincoop. Gravity with Gravitas: A Solution to the Border Puzzle [J]. The American Economic Review, 2003, 93 (01): 170 –192.

[222] Jan Fagerberg. Benchmarking: A New and Useful Tool for Policy Learning? [D]. University of Oslo, 2001.

[223] Jaya Jha, Terry L. Roe. U. S. Agricultural Export Competitiveness and Export Market Diversifification [R]. Agricultural & Applied Economics Association Annual Meeting, 2016 (7): 1 –47.

[224] Julian A. Lampietti, Sean Michaels, Nicholas Magnan, et al. Alex

F. McCalla, Maurice Saade, Nadim Khouri. A Strategic Framework for Improving Food Security in Arab Countries [J]. Food Security, 2011 (03): 7 – 22.

[225] Jin Shaosheng, Zhou Jiehong, Ye Juntao. Adoption of HACCP System in the Chinese Food Industry: A Comparative Analysis [J]. Food Control, 2008 (19): 823 – 828.

[226] Jaya Jha, Terry L. Roe. U. S. Agricultural Export Competitiveness and Export Market Diversification [R]. Agricultural and Applied Economics Association (AAEA), 2016.

[227] Jayson Beckman, Carmen Estrades, Manuel Flores, Angel Aguiar. The Impacts of Export Taxes on Agricultural Trade [R]. National Bureau of Economic Research, 2018 (24894): 1 – 33.

[228] Jared Greenville, Kentaro Kawasaki, Dorothee Flaig, et al. Influencing GVCs through Agro – Food Policy and Reform [J]. OECD Food, Agriculture and Fisheries, 2019 (125): 5 – 47.

[229] Jean – François Maystadt, Jean – François Trinh Tan, Clemens Breisinger. Does Food Security Matter for Transition in Arab Countries? [J]. Food Policy, 2014 (46): 106 – 115.

[230] Jared Greenville, Kentaro Kawasaki, Marie – Agnes Jouanjean. Value Adding Pathways in Agriculture and Food Trade [J]. OECD Food, Agriculture and Fisheries, 2019 (123): 1 – 30.

[231] Houcine Boughanmi, S. Zekri, L. U. Opara, et al. The Effects of Multilateral Trade Liberalization on Agriculture: The Case of the Gulf Cooperation Council (GCC) Countries [J]. Agricultural Economics Review, 2007, 08 (02): 55 – 68.

[232] Keith Head, Thierry Mayer. Gravity Equations: Workhorse, Toolkit, and Cookbook [J]. Sciences Po Economics Discussion Papers, 2013 (02): 1 – 65.

[233] Koester, Ulrich. The EU – Georgia Trade Agreement: The Impact on Agricultural Trade and Welfare [J]. Econstor, 2017 (32): 2 – 4.

[234] Kristjan Arni, Bomba, Goodchild. Intra-Industry Trade Analysis of US State – Canadian Province Pairs Implications for the Cost of Border Delay [J]. Transportation Research Record, 2010 (2162): 73 – 80.

[235] Laure Latruffe. Competitiveness, Productivity and Efficiency in the

Agricultural and Agri - Food Sectors [J]. OECD Food, Agriculture and Fisheries, 2010 (30): 5-53.

[236] Luciana Marques Vieira. The Role of Food Standards in International Trade: Assessing the Brazilian Beef Chain [J]. Brazilian Administration Review, 2006 (01): 17-30.

[237] Luciana Marques Vieira. The Role of Food Standards in International Trade: Assessing the Brazilian Beef Chain [R]. Edição Especial, 2006 (01): 33-51.

[238] M. Sevela. Gravity-type model of Gzech Agricultural Exort [J]. Agricultural Economics, 2002 (10): 463-466.

[239] Matthew Gorton, Sophia Davidova, Tomas Ratinger. The Competitiveness of Agriculture in Bulgaria and the Czech Republic Visk - Vis the European Union [J]. Comparative Economic Studies, 2000, 42 (1): 59-86.

[240] Maarten van't Riet, Arjan Lejour. Optimal Tax Routing: Network Analysis of FDI Diversion [J]. Tilburg University, 2017 (22): 1-44.

[241] Marc J. Melitz. The Impact of Trade on Intra-Industry Reallocations and Aggregate Industry Productivity [Z]. The Econometric Society, 2003 (11): 71-76.

[242] Maria CMsotdoulou. Intra-Industry Trade Agrofood Sectors: the Case of the EEC Meat Market [J]. APPlied Eeonomics, 1992, 24 (08): 875-884.

[243] Martine Guerguil, Martine David Kaufman. Competitiveness and the Evolution of the Real Exchange Rate in Chile [M]. International Monetary Fund, 1998.

[244] Mercedes Campi, Marco Duenas. Intellectual Property Rights and International Trade of Agricultural Products [J]. World Development, 2016 (80): 1-18.

[245] Mohamed Ahmed Said, Ayman Abd - Alkawy Shelaby. Potentials of Egypt Agricultural Bilateral Trade With the ARAB Countries: Gravity Model Evidence [J]. International Journal of Food and Agricultural Economics, 2012, 02 (01): 133-144.

[246] Matthew Gorton, Alina Danilowska, Slawomir Jarka, et al. The

International Competitiveness of Polish Agriculture [R]. Ministry of Agriculture and Food Economy, 2001 (02): 1-20.

[247] Mehdi Ben Slimane, Marilyne Huchet - Bourdon, Habib Zitouna. The Role of Sectoral FDI in Promoting Agricultural Production and Improving Food Security [J]. International Economics, 2016 (145): 50-65.

[248] Matthew Gorton, Sophia Davidova, Tomas Ratinger. The Competitiveness of Agriculture in Bulgaria and the Czech Republic Vis-k - Vis the European Union [J]. Comparative Economic Studies, 2000 (1): 59-86.

[249] Liapis Pete. Changing Patterns of Trade in Processed Agricultural Products [J]. OECD Food, Agriculture and Fisheries, 2011 (47): 6-70.

[250] Ray G. F. Export Competitiveness: British Experience in Eastern Europe [J]. National Institute Economic Reviw, 1966 (36): 43-60.

[251] Safwat Abdel - Dayem, Rachael McDonnell. Water and Food Security in the Arab Region [J]. Integrated Water Resources Management in the Mediterranean Region, 2012 (1): 285-300.

[252] Scott Waldron, Colin Brown, John Longworth. A Critique of High-value Supply Chains as a Means of Modernising Agriculture in China: The Case of the Beef Industry [J]. Food Policy, 2010 (35): 479-487.

[253] Shawn Arita, Jayson Beckman, Lorraine Mitchell. Reducing Transatlantic Barriers on U. S. - EU Agri-food Trade: What are the Possible Gains? [J]. Food Policy, 2017 (68): 233-247.

[254] Saang Joon BaaK. The Bilateral Real Exchange Rates and Trade Balance between China and the U. S. [J]. China Economic Review, 2008, 19 (02): 117-127.

[255] Sanjaya Lall, Manuel Albaladejo. China's Competitive Performance: A Threat to East Asian Manufactured Exports? [J]. World Development, 2004, 32 (9): 1441-1466.

[256] Tinbergen Jan. Shaping the World Economy: Suggestion for an International Economic Policy [J]. The Economic Journal, 1964 (93): 19-22.

[257] Utkulu Utku, Seymen Dilek. Trade and Competitiveness between Turkey and the EU [Z]. Discussion Paper, 2004.

[258] Valeria Sodano, Martin Hingley, Adam Lindgreen. The Usefulness of Social Capital in Aassessing the Welfare Effects of Private and Third-party

Certification Food Safety Policy Standards [J]. British Food Journal, 2008, 110 (4/5): 493-513.

[259] Vokorokosova R. Theoretical Aspects of Grubel – Lloyd Index and Its Application within Slovak Republic [J]. Ekonomicky Casopis, 2004, 52 (10): 1254-1261.

后　　记

　　本书是在本人主持完成的教育部人文社科基金一般项目基础上经过不断补充完善而成的。回望写作过往，"蓦然回首，那人却在灯火阑珊处"，历经八载春秋，历经多少自我的挣扎、质疑与退却，坚持最后终于有了这一研究成果的截稿。其间每一个字都蕴含着我对国际经济研究的热爱，也承载着身边家人、师长、朋友、领导和同事们的默默支持和鼓励。

　　十年前，由于美国金融危机引发了世界经济的动荡，发达经济体需求急剧下降，中国外经贸市场多元化迫在眉睫。多年浸润于区域对外开放研究的我，直觉国家需要对与发展中国家开展经贸合作方面的研究支撑，为此，进一步拓展了自己新的研究领域——中国与中东国家的经贸合作。在这十年中，我孜孜以求地探索这一领域的贸易和投资等各种问题，试图为国家和区域经济发展提供有益的建议。久久为功，今天关于中阿农产品贸易的研究成果终于成书。感谢十年来从各方面给我以支持、给我以帮助的师长、家人、朋友、领导、同事和学生们！

　　感谢我的导师邓力平教授。导师学识渊博，视野宽阔，具有敏锐的洞察力，待人谦逊，宽厚仁爱。读博期间，师从邓老师，同时在厦门大学经济学院国际经济与贸易系黄建忠和郑甘澍等老师的指点下，学习国际经济理论和研究方法，得到了严格的学术训练，这为我今后的学术研究打下了坚实的基础，感谢恩师！感谢母校！毕业至今，仍能不时得到导师的指点，尤其是导师谆谆教导我们要保持积极向上和努力工作的态度，要坚持正确的前行方向，这对于我的科研工作既是巨大的激励，也给予我正确的方向指引。一直以来导师对本书的写作和我的科研选题都非常关注，并及时给出意见和指导。虽然相隔万里，但依然能时时感受到他无私的帮助、师者的大度和一代大家的风范！

感谢我的朋友们。在本书写作过程中曾面临各种问题和困难，数据获取、研究方法选择和计量模型使用等都曾是拦路虎，在我们面临困难的时候，有许多朋友无私地提供帮助。宁夏大学经济管理学院的鲍旺虎老师指导我们如何获取数据，西南财经大学商学院的吴钢老师指导我们研究方法和计量模型，上海对外经贸大学国际经贸学院黄建忠院长为我们提供免费的培训机会，辽宁大学经济学院崔日明老师指导我们课题申报和论文写作，宁夏大学为我们提供了各种学习平台和交流的机会……。在与这些学养深厚的老师和朋友们请教和交流的过程中我们所获颇多，通过这些学习机会和平台，我们开阔了视野，掌握了先进的研究工具和方法，解决了一个又一个问题，这为本书的写作完成奠定了良好的基础。

感谢宁夏大学经济管理学院的各位领导和经济系的同事们。本书是在学院的资助下完成的，这为我们解除了后顾之忧。尤其感谢张桓书记和杨国涛院长，只要有好的学习机会，他们总是鼓励我们积极参加。在有困难、有挫折时候，也总是细心地与我们沟通，激励我们没有包袱地投入工作。他们为我们创造了愉快向上的工作环境，在这样团结的大家庭氛围下，工作成了一种享受。感谢经济系可爱的同事们，他们总能从不同的角度为我的研究提供新的思路，也总将自己前沿的研究方法与我分享，他们积极向上的正能量始终是激励我不要放弃的动力。

感谢我可爱的研究生们。这些年轻人朝气蓬勃，干劲十足。他们认真完成我每次交付的任务，积极克服研究方法和计量经济学等方面的难点，为我们的研究获取数据、指标计算和 stata 运行等付出了极大的心血。"回看射雕处，千里暮云平"，本书也凝聚了这些年轻人几年的努力和付出。其间她们既体味了高强度的挑灯夜战，也默默地品味了各种挫折所带来的酸涩。陈佩、张明霞和高雅琳参与了第 2 章和第 3 章的写作，宋欣参与了第 4 章和第 5 章的写作，其他同学在不同方面为本书的写作提供了帮助。在本书截稿之际，也为她们化茧成蝶般地成长为乐观、坚毅和优秀的学子而倍感欣慰。

最后，要感谢我的家人。他们是我精神上最坚定的支持者，他们始终给予我家庭的温暖和深厚的关爱，让我能够自由地在我的学术天地间游弋。尤其感谢我的爱人，他几乎承揽了家里所有家务，这为我的研究提供

后记

了充裕的时间。同时他也经常与我讨论学术问题，积极为我提供研究思路和建议。他同时也是最严厉的督导，常在我松懈时不时提醒。感谢一路有你，便觉岁月始终是人间四月天！感谢我的孩子，让我常常反思，在孩子成长的同时，我们自己也依然要成长，要有追求完美的执着。

本书写作中参考了大量前人的研究成果，在此表示诚挚的谢意。同时，在本书完成期间，还有许多无私的帮助者，无法一一提及，涓涓细流，只能汇成心中奔涌无尽的无法言说的感激。

文章千古事，虽然抱着一颗虔诚的心，努力地以严谨的写作态度来完成本书，但学识有限，疏漏在所难免，也有许多待商榷之处，敬请同行专家和学者们批评指正。

本书的完成是我学术研究工作的一个小结，期待在未来的学术探索中在这样的一个阶梯上能收获更多的果实。

杨韶艳

2019 年 5 月 8 日